# AFFRONTARE L'ANORESSIA DI TUO FIGLIO

Manuale d'aiuto per i genitori impegnati nel trattamento basato sulla famiglia (FBT) per il figlio con anoressia

## MARIA GANCI

Pubblicato in Australia da
LMD Publishing
Melbourne, Australia

Pubblicato per la prima volta in Australia nel 2015

Copyright © Maria Ganci 2015

Tutti i diritti riservati. Nessuna parte di questa pubblicazione può essere riprodotta, memorizzata in un sistema di recupero o trasmessa, in qualsiasi forma o con qualsiasi mezzo senza previa autorizzazione scritta dell'editore, né può essere altrimenti diffusa in qualsiasi forma di vincolo o copertina diversa da quella in cui è pubblicata e senza che una condizione analoga venga imposta al successivo acquirente.

Voce di catalogazione in pubblicazione della National Library of Australia

Ganci Maria, autrice

SURVIVE FBT: un manuale di abilità per i genitori che intraprendono il trattamento basato sulla famiglia (FBT) per l'anoressia nervosa infantile e adolescenziale.

Julie Postance, Editor, iinspire media

ISBN: 978-0-9944746-0-5 (versione tascabile inglese)
ISBN: 978-0-6485889-3-1 (versione tascabile italiana)

Argomenti trattati: Disturbi alimentari -Trattamento - Anoressia nervosa - Anoressia nei bambini - Pazienti - Relazioni familiari. Anoressia nell'adolescenza - Pazienti - Relazioni familiari.

Numero Dewey: 616.8526

Disegno di copertina, composizione tipografica: Sophie White

Stampato da Kindle Direct Publishing

Disclaimer: È stata prestata tutta la cura nella preparazione delle informazioni qui contenute, ma l'editore o l'autore non possono assumersi alcuna responsabilità per eventuali danni derivanti dall'errata interpretazione di questo lavoro. Tutti i dettagli di contatto forniti in questo libro erano aggiornati al momento della pubblicazione, ma sono soggetti a modifiche.

I consigli forniti in questo libro si basano sull'esperienza degli individui. Si prevede che i singoli siano impegnati in FBT, quindi i Professionisti coinvolti con la famiglia dovrebbero essere consultati per problemi individuali. L'autore e l'editore non sono responsabili di alcuna persona per quanto riguarda eventuali perdite o danni causati direttamente o indirettamente dalle informazioni contenute in questo libro.

Questo libro è una guida adatta per adolescenti maschi e femmine con anoressia. Per facilità di lettura, il genere femminile verrà utilizzato in tutto il libro data la percentuale più alta di donne con diagnosi di anoressia nervosa.

# INFORMAZIONI SULL'AUTRICE

Maria Ganci è un'assistente sociale clinica per la salute mentale e psicoterapeuta psicoanalitica per bambini e adolescenti. L'interesse di Maria per i disturbi alimentari è iniziato nel 2005 e nel 2007 è stata uno dei membri fondatori dello Specialist Eating Disorders Program presso il Royal Children's Hospital di Melbourne. Da quel momento si è concentrata esclusivamente sulla fornitura di trattamento basato sulla famiglia (FBT) e trattamento per adolescenti e genitori (APT). Il suo impegno per le famiglie l'ha portata a completare un certificato di laurea in nutrizione presso la Deakin University.

Mentre lavorava nel programma Specialist Eating Disorder, Maria Ganci è diventata la principale terapista FBT in uno studio controllato randomizzato confrontando l'efficacia di due trattamenti per l'anoressia nervosa adolescenziale - Terapia basata sulla famiglia e Terapia focalizzata sui genitori sotto la guida del Prof. Daniel LeGrange e della Dott.ssa Katharine Lobe, entrambi esperti internazionali nel campo dei disturbi alimentari.

Per ulteriori informazioni visitare il suo sito web **www.mariaganci.com**

Survive FBT è stato tradotto in giapponese, tedesco, svedese e norvegese.

Maria è anche coautrice di diversi libri e risorse sia per i medici che per educare e supportare gli adolescenti durante il trattamento.

*"Unpack Your Eating Disorder – The Journey to Recovery for Adolescents in Treatment for Anorexia Nervosa and Atypical Anorexia Nervosa"*

*"Letting Go of ED-Embracing Me, A journal of Self-Discovery"*

*ED Recovery – Trait, Critic & Sage Therapy Cards.*

# DEDICA

*Questo libro è dedicato a tutte le famiglie che stanno affrontando il difficile viaggio verso la guarigione.*

*Spero che questo libro vi dia la conoscenza, la forza e il coraggio di completare il vostro viaggio.*

# RINGRAZIAMENTI

Nel corso degli anni dedicati al trattamento e alla ricerca sull'Anoressia Nervosa, molti genitori mi hanno chiesto di avere maggiori informazioni per comprendere il potere dell'anoressia esercitato sui loro figli e per capire cosa fare per aiutare la figlia malata a uscire dalla malattia.

Questo manuale è nato proprio da quelle richieste ed è stato scritto specificamente per i genitori che sono coinvolti nel Trattamento Basato sulla Famiglia (FBT) per l'Anoressia Nervosa dei loro figli. È basato sulla conoscenza raccolta in molti anni di esperienza clinica e di ricerca su cosa rende efficace un trattamento, incluso ciò che i genitori possono e devono fare per favorire la guarigione della figlia.

Ringrazio sinceramente le centinaia di famiglie che ho guidato attraverso l'FBT, senza la cui esperienza questo manuale non sarebbe stato possibile. Sono loro che hanno lavorato con me e mi hanno permesso di imparare da loro, con i quali ho condiviso sofferenze e successi. Sarò per sempre grata a tutti voi. Un ringraziamento particolare va a quelle famiglie che hanno contribuito al manuale con consigli e riflessioni.

Così come il trattamento dell'Anoressia Nervosa richiede un approccio di squadra per sostenere la famiglia, anche un terapeuta necessita del supporto di colleghi e dei loro suggerimenti: ringrazio pertanto tutti i miei colleghi del Royal Children's Hospital di Melbourne per il loro continuo sostegno al mio lavoro. Sono grata, inoltre, per tutte le opportunità che mi sono state offerte dal mio reparto per ampliare le mie competenze. Un ringraziamento sincero al Professor Daniel LeGrange e alla Dottoressa Katharine Lobe, per la loro instancabile e paziente supervisione che mi ha sempre portata a riflettere ed esplorare nuove soluzioni nel mio lavoro clinico. Un ringraziamento speciale alla Dottoressa Linsley Atkins, con cui ho iniziato e proseguito il mio viaggio nell'FBT, per il suo ruolo di guida e supporto.

Devo anche esprimere i miei più sinceri ringraziamenti alla Dr. Raffaella Longo e al Dr. Armando Cotugno dell'UOSD Disturbi del Comportamento Alimentare dell'ASL Roma1, che hanno generosamente assunto il ruolo di tradurre questo libro al fine di sostenere le numerose famiglie che trattano.

La loro dedizione e iniziativa sono molto apprezzate, così come sono sicura che i loro clienti apprezzino la loro esperienza nel campo dei disturbi alimentari degli adolescenti.

Uno speciale ringraziamento va ai miei editori Amanda J. Spedding e Julie Postance per il loro aiuto infinito, senza il quale questo libro non sarebbe stato possibile.

Ultimo ma non meno importante, alla mia meravigliosa famiglia che mi ha sempre supportata in tutte le avventure intraprese.

C'è sempre spazio per il miglioramento e, se i genitori pensano che questo manuale possa essere migliorato dalle loro esperienze personali in modo da aiutare gli altri, mi inviino gentilmente una e-mail a **mariaganci84@gmail.com**. Sentitevi liberi di visitare il mio sito web **https://www.mariaganci.com**

# PREFAZIONE

## *Ai genitori*

È difficile immaginare un'esperienza più difficile di quella di dover aiutare un figlio o una figlia a guarire da un disturbo alimentare. La combinazione di rischio medico, resistenza adolescenziale e perseveranza richiesta ai familiari mette a dura prova qualsiasi genitore. Negli anni passati deve essere stato molto difficile per i genitori sostenere il loro ruolo di fronte ai molti specialisti che ritenevano la famiglia come parte del problema piuttosto che parte della soluzione. Fortunatamente, negli ultimi 30 anni è diventato sempre più chiaro come le famiglie costituiscano una risorsa fondamentale per contribuire alla guarigione dall'anoressia e come ciò possa portare a cambiamenti stabili nel tempo. Ciò non elimina l'esperienza di percepire questo compito come opprimente e stressante, ma ormai potete contare su un numero cospicuo di ricerche cliniche sull'efficacia dell'FBT e sul fatto che altre famiglie prima di voi sono già passate attraverso questa impresa. Sopravvivere al Trattamento Basato sulla Famiglia (Sopravvivere all'FBT) vuole essere una risorsa importante per aiutarvi ad affrontare e a intraprendere il trattamento, con continui promemoria sulle linee principali da seguire che vi aiuteranno a sostenere vostra figlia nel processo di guarigione. In queste pagine, troverete consigli utili per lavorare bene insieme come genitori, per imparare a nutrire vostra figlia con la quantità e il tipo di cibo di cui ha bisogno e per aiutare i vostri figli ad affrontare l'esperienza del trattamento. Imparerete a prendervi cura di voi stessi così che possiate riportare nuovamente la vostra famiglia a una routine normale e a riprendere le vostre attività il prima possibile. Il libro fornisce consigli pratici, diretti ed esperti, di facile comprensione, che andranno a completare i vostri incontri di terapia. Potete fidarvi del fatto che i consigli presentati nel libro provengono dalla penna di una terapista esperta, che ha aiutato molte famiglie nel loro percorso terapeutico.

**Herr Andrew Wallis**

Co-responsabile, Servizio Disturbi Alimentari, The Children's Hospital, Westmed, Australia.

# INTRODUZIONE ALL'EDIZIONE ITALIANA

**Armando Cotugno**
Direttore UOSD Disturbi del Comportamento Alimentare
ASL Roma1

Dopo aver curato l'edizione italiana del Manuale del Trattamento Basato sulla Famiglia (*FBT- Family Based Treatment*) dell'Anoressia Nervosa in adolescenza (J. Lock & D. LeGrange, 2018), a poco più di due anni di distanza è con immenso piacere che mi trovo a presentare l'edizione italiana di "Survive FBT", un manuale dedicato specificatamente ai genitori che si trovano ad accompagnare la figlia/il figlio adolescente nel faticoso cammino verso la guarigione dall'Anoressia Nervosa (AN). Maria Ganci, l'autrice di questo manuale, è una *Social Worker*, che svolge il suo lavoro clinico in Australia, presso il Servizio per i Disturbi del Comportamento Alimentare del Royal Children's Hospital di Melbourne. Curiosamente, l'Australia è uno dei paesi dove il Trattamento Basato sulla Famiglia ha avuto una rapida diffusione nei servizi pediatrici e neuropsichiatrici. Ritengo che ciò sia dovuto a due fattori generali: il primo è lo spirito pragmatico, tipicamente anglosassone, orientato più alla verifica dei risultati che agli aspetti teorici e/o di appartenenza di scuola; il secondo è forse legato a una minore incrostazione di quegli stereotipi e pregiudizi che nella vecchia Europa, e anche negli USA, ancora caratterizza alcune ipotesi eziopatogenetiche e diverse prassi clinico-terapeutiche relative all'AN.

Tra la fine dell'800 e gli inizi del 900 illustri psichiatri dell'epoca consigliavano la *"parentectomia"*, cioè l'allontanamento dell'adolescente affetto da AN dai suoi familiari, perché ritenuti inadeguati, se non deleteri, al processo di cura

(Charcot, 1885; Gull, 1878). A questo proposito, spesso mi trovo a raccontare un aneddoto relativo ai primi anni in cui nel mio servizio avevamo inserito il FBT come trattamento elettivo per le adolescenti affette da AN: la madre di una paziente affetta da AN, a conclusione di un FBT andato a buon fine, mi disse "… dottore, noi non sapevamo più cosa fare: eravamo disposti a tutto… anche alla parentectomia, pur di far star bene nostra figlia… perché sa, ci dicevano che se nostra figlia stava male, evidentemente la responsabilità era la nostra!". Questa madre era una psicologa, una psicoterapeuta familiare! Fui sorpreso dalla pronta risposta data dalla figlia, che disse "… ma che dici?!? Voi qui dovevate stare, in modo diverso, ma dovevate stare qui, accanto a me. Questo mi ha dato la possibilità di riprendere a fare le cose normali!". Questo scambio riassume in modo chiaro ed efficace la filosofia di fondo che ispira il Trattamento Basato sulla Famiglia: il coinvolgimento dei genitori, guidati dal terapeuta FBT (*stare accanto in modo diverso*), serve a creare le condizioni di sicurezza affinché il figlio/la figlia adolescente possa trovare il modo di rimettersi in carreggiata lungo il suo percorso evolutivo (… *riprendere a fare le cose normali*). Stare "in modo diverso" accanto al figlio adolescente affetto da AN, spesso per i genitori implica un grande sforzo, necessario a gestire e controllare quel treno di stati d'animo fatti di paura, impotenza, rabbia, vergogna e colpa, che normalmente costituiscono il "pacchetto emotivo" che l'anoressia di un figlio adolescente porta in dono ai genitori. Compito del terapeuta è aiutare i genitori a maneggiare questo "pacchetto dono" dell'anoressia, attraverso informazioni, indicazioni e la ricerca congiunta di strategie efficaci nel permettere alla figlia/al figlio di recuperare un peso fisiologico e un comportamento alimentare adeguato. È attraverso questo lavoro che il FBT aiuta i familiari a "disincagliarsi" da quelle inevitabili risposte automatiche indotte dal "pacchetto dono", consentendo loro di discriminare il "pensiero e il comportamento anoressico" dai bisogni evolutivi di base dell'adolescente, permettendo loro di farsi carico transitoriamente (*stare accanto…ma in modo diverso*) dei bisogni della/del figlia/figlio che, a causa della malattia, non è in grado di realizzarli in maniera adattativa (*tornare a fare le cose normali*). Attraverso questo lavoro il FBT consente una marcata ridefinizione dei meccanismi psicologici e comportamentali che sottendono le dinamiche familiari in condizioni di grande difficoltà, fornendo un contesto di cura orientato a facilitare un'esperienza emotivamente correttiva per tutti i membri della famiglia, con cambiamenti che vanno ben al di là dall'obiettivo principale del trattamento. In altre parole, il raggiungimento del ripristino del peso dell'adolescente porta con sé una serie di cambiamenti psicologici individuali e relazionali, basati più sulla ricerca congiunta di nuove strategie di soluzione dei problemi piuttosto che sulla sola esplorazione dei meccanismi psicologici.

Il libro di Maria Ganci fornisce un insieme di istruzioni per l'uso dedicato ai genitori per orientarsi nella miriade di domande, dubbi e incertezze suscitata dal confronto con un figlio/una figlia che, in modo apparentemente volontario, sembra deciso/a ad affamarsi. La profonda conoscenza sviluppata in anni di esperienza clinica consente alla Ganci di utilizzare un linguaggio semplice, chiaro ed efficace che rende comprensibile a tutti la complessità dell'intreccio psicologico che sottende il disturbo anoressico. Questo piccolo e prezioso libro costituisce un importante contributo alla disseminazione di conoscenze e pratiche cliniche che poggiano la loro credibilità su un'attenta verifica dell'efficacia terapeutica e su un continuo miglioramento della cura degli adolescenti bloccati nel loro sviluppo dall'anoressia nervosa che, ancor oggi, rappresenta la terza causa di morte nella popolazione giovanile dei paesi occidentali.

## *BIBLIOGRAFIA*

Charcot J.M. (1885), De l'isolement dans le traitement de l'hysterie

Gull, W. W. (1874). Anorexia Nervosa (apepsia hysterica, anorexia hysterica). Transactions of the Clinical Society of London, 7, 222–228.

Lock J. & D. LeGrange D. (2018). Anoressia Nervosa. Manuale per il Trattamento Basato sulla Famiglia: Giovanni Fioriti Editore, Roma

# IL VIAGGIO

*Questo manuale è pensato per assistere e supportare i genitori che stanno per intraprendere il viaggio di recupero della salute della loro figlia. Alla maggior parte dei genitori sembrerà di viaggiare navigando in acque inesplorate, in mezzo a una tempesta con la speranza di raggiungere una destinazione lontana.*

*Ai genitori viene fornita una mappa denominata Trattamento Basato sulla Famiglie (FBT), che è estranea al loro modo usuale di pensare e che delinea ciò che sembrano essere dei comportamenti genitoriali insoliti che mettono in discussione molte delle convinzioni genitoriali consolidate e che prima della malattia della figlia sembravano logiche, adeguate e utili.*

*Ai genitori si dirà come il viaggio sarà intenso e che avranno la necessità di completarlo velocemente per dare alla figlia la migliore possibilità di raggiungere la destinazione, in modo sicuro e in buona salute.*

*Il viaggio dell'FBT è davvero difficile per molti genitori, i cui figli non vorranno affrontare il viaggio con loro e proveranno disperatamente a sabotare i loro sforzi eroici.*

*I genitori avranno bisogno di riporre tutta la loro fiducia nel trattamento e nelle loro abilità personali per raggiungere la destinazione. Il viaggio è impegnativo e richiede tutte le loro energie e risorse interne. Maggiore è l'impegno ad aderire alla mappa dell'FBT, senza deviare dalla rotta, e maggiore è la possibilità di raggiungere la destinazione.*

*Molti genitori completano il viaggio nonostante tutti gli ostacoli e le tempeste in cui s'imbattono lungo il percorso. Quando raggiungeranno la destinazione, saranno contenti che la figlia che conoscevano un tempo è tornata. La loro vita può ora ritornare alla normalità. Tutti i genitori sottolineano come questo viaggio sia stato la cosa più difficile che abbiano mai fatto nella loro vita.*

*Solo i genitori hanno la determinazione e il coraggio di completare questo viaggio, perché è il loro amore e il legame verso i propri figli che dà loro la tenacia per avere successo.*

### *Coraggio e forza durante il vostro viaggio*

# SOMMARIO

| | |
|---|---|
| INFORMAZIONI SULL'AUTRICE | iii |
| DEDICA | v |
| RINGRAZIAMENTI | vii |
| PREFAZIONE - Ai genitori | ix |
| INTRODUZIONE ALL'EDIZIONE ITALIANA | x |
| IL VIAGGIO | xiii |

| | |
|---|---|
| Che cos' è l'anoressia? | 17 |
| L'impatto dell'anoressia sul corpo di mia figlia | 19 |
| Che cos'e' il trattamento basato sulla famiglia (FBT)? | 22 |
| La tua équipe terapeutica | 28 |
| Rialimentare mia figlia | 31 |
| Il cibo è la medicina | 39 |
| Ulteriori comportamenti che tua figlia può mettere in atto per evitare di prendere peso | 54 |
| Unita' genitoriale | 56 |
| Come dovrei rispondere a mia figlia? | 63 |
| Come devo gestire l'angoscia di mia figlia? | 66 |

BIBLIOGRAFIA   76

# Che cos' è l'anoressia?

L'Anoressia Nervosa è un disturbo alimentare che colpisce un vasto numero di adolescenti, sia maschi che femmine. L'esordio è generalmente intorno a 15-19 anni per le femmine e 17-26 anni per i maschi. *

Le cifre attuali stimano approssimativamente che tra le adolescenti femmine 1 su 100 sviluppano l'anoressia e che il rapporto tra maschi e femmine è 1 su 10. L'anoressia è una malattia mentale con complicazioni mediche gravi.

Ciò la rende una malattia devastante con uno dei più alti tassi di mortalità rispetto a ogni altro disturbo psichiatrico. Il tasso di mortalità dell'anoressia nervosa aumenta per ogni decennio di malattia.

Anoressia, etimologicamente, significa "perdita di appetito"; tuttavia, ciò non può essere più lontano dalla verità, poiché inizialmente la perdita di appetito è autoimposta e motivata psicologicamente, e i sintomi aumentano progressivamente fino al punto in cui l'adolescente non ha più la capacità di ritornare ad alimentarsi in modo normale senza il supporto dei genitori.

Le caratteristiche principali dell'anoressia sono la preoccupazione per l'immagine corporea che porta a un impulso alla magrezza, con una paura estrema di prendere peso. Tutto ciò è accompagnato da pensieri fissi sul cibo, sulle calorie e sul peso. Per molti adolescenti, all'inizio i sintomi consistono in una fissazione per i "cibi sani". Sebbene all'inizio l'attenzione a un'alimentazione sana possa anche avere un senso per i genitori, questa rapidamente si trasforma in una "fissazione malata" che li porta a ridurre l'apporto calorico in modo inconciliabile con le necessità di uno sviluppo normale e con le normali attività quotidiane.

Per mantenere un basso peso corporeo, gli adolescenti si impegnano nella restrizione del cibo – o su tutti gli alimenti o su alimenti selezionati. Molti adolescenti intraprendono anche comportamenti cosiddetti "di compenso", come il vomito, l'uso di lassativi, l'uso di diuretici e l'esercizio fisico. Sono il basso peso corporeo e questi comportamenti pericolosi che portano a delle importanti complicazioni mediche.

Gli adolescenti che non hanno perso sufficiente peso per rientrare nei criteri dell'anoressia, ma hanno tutti i sintomi dell'anoressia, in genere ricevono la diagnosi di anoressia atipica: di solito questo accade quando c'è stata una grande perdita di peso in un breve periodo di tempo.

Gli adolescenti che svolgono attività e occupazioni come la danza, le immersioni, o altre attività sportive che richiedono e promuovono una forma fisica ideale di magrezza sembrano avere un'incidenza maggiore di disturbi alimentari. L'anoressia spesso si presenta con altri disturbi psichiatrici come depressione, ansia e disturbo ossessivo compulsivo.

Non sappiamo perché alcuni adolescenti sviluppino l'anoressia nervosa o un disturbo alimentare ma sappiamo che:

**ETA'** – Gli adolescenti più giovani hanno un tasso di guarigione maggiore rispetto agli adolescenti più grandi.[1]

**DURATA DELLA MALATTIA** – La diagnosi e il trattamento precoci sono cruciali per la guarigione. Gli adolescenti con una durata dell'anoressia inferiore a 3 anni hanno tassi di guarigione migliori. Maggiore è la durata della malattia, peggiore è la prognosi.[1]

**AUMENTO DI PESO INIZIALE** – L'aumento di peso iniziale di circa 500g a settimana, durante le prime quattro settimane di trattamento, ha dimostrato di portare a un esito migliore.[2]

*Ricorda – più rapidamente tua figlia riprende peso, migliore sarà la sua prognosi!*

# L'impatto dell'anoressia sul corpo di mia figlia

L'anoressia impatta su ogni parte del corpo di tua figlia. Le complicazioni mediche sono un risultato diretto della perdita di peso e della malnutrizione e possono avere conseguenze a lungo termine se il corpo continua a rimanere in uno stato di fame.

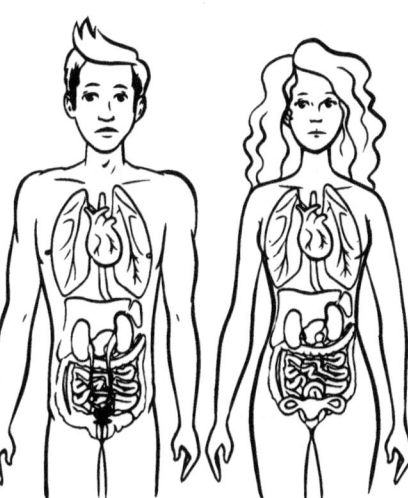

*Danni cerebrali, perdita di concentrazione e di capacità di scelta, tristezza, malumore e irritabilità.*

*I capelli si assottigliano, diventano fragili e cadono.*

*Alterazioni cardiache, abbassamento della pressione arteriosa. Frequenza cardiaca lenta o veloce, riduzione della massa muscolare cardiaca.*

*Calcoli renali. Insufficienza renale.*

*Costipazione, dolore, gonfiore e possibili danni permanenti della funzione intestinale.*

*Sviluppo sessuale ritardato o interrotto, e possibile ritardo irreversibile della crescita.*

*Ridotto tasso metabolico, stanchezza e perdita di energie.*

*Perdita di massa muscolare, debolezza muscolare e articolazioni gonfie.*

*Problemi ematologici e dei fluidi corporei, anemia, riduzione dei livelli di potassio, magnesio e sodio.*

*Il vomito può portare a disidratazione, infiammazione e lacerazioni dell'esofago ed erosione dello smalto dentale.*

*Pelle secca, colorazione bluastra, facile formazione di lividi, cicatrizzazione delle ferite ritardata, lanugo (crescita di peluria fine sul corpo).*

*Intolleranza al freddo, poiché il corpo non ha l'energia sufficiente per scaldarsi.*

*Riduzione del picco di massa ossea che conduce a osteopenia e rischio a lungo termine di sviluppare osteoporosi.*

*Femmine – Disturbi mestruali, perdita delle mestruazioni e possibili problemi riproduttivi a lungo termine.*

*Maschi – Riduzione dei livelli di testosterone, cambiamenti nel funzionamento sessuale e nella pulsione sessuale.*

# Impatto dell'anoressia sulla tua famiglia

Oltre al devastante impatto psicologico e fisiologico su tua figlia, l'anoressia può avere un impatto travolgente e stressante sulla famiglia. La gravità dell'anoressia e l'intensità del trattamento possono sottoporre molte famiglie a uno stress enorme.

Sfortunatamente, la non aderenza al trattamento da parte di tua figlia sfocerà in molte battaglie tra te e lei e forse anche in battaglie con il tuo partner, nel caso non siate concordi sulle strategie di gestione da utilizzare.

Il conflitto continuo sul cibo e l'aumento di peso possono portare tua figlia a comportarsi male e il suo comportamento estremo può spaventarti e stressarti, poiché prima di quel momento non hai mai assistito a questo suo modo di fare.

Un elemento importante del trattamento e il compito principale delle famiglie è imparare a separare la malattia dalla figlia. I genitori devono capire che la loro figlia è totalmente guidata dai pensieri anoressici che ostacolano l'adesione al trattamento. Accettare questa realtà ti farà capire che non è tua figlia, bensì il disturbo anoressico, a guidare il suo comportamento. Ciò ti aiuterà anche a rispondere in modo più compassionevole, senza incolpare tua figlia e senza essere troppo reattivo, se non collabora al trattamento.

I fratelli più piccoli sono estremamente vulnerabili quando assistono agli alti livelli di stress, alle violenze e ai comportamentali del fratello/sorella malato/a. Alcuni fratelli possono provare risentimento verso il fratello/sorella malato/a perché sentono che i loro genitori non hanno tempo per loro, dovendo destinare la maggior parte del tempo a nutrire e assistere il figlio con l'anoressia.

Nonostante le richieste dell'FBT occupino il tuo tempo, è importante provare a mantenere la routine quotidiana dei fratelli per minimizzare ogni sentimento di risentimento, ma al contempo assicurarsi che siano coinvolti nella cura. La maggior parte dei fratelli si preoccupa della salute del fratello/sorella con anoressia, perciò è importante che siano sufficientemente informati sulla malattia e sul trattamento e rassicurati sul fatto che il loro fratello/la loro sorella tornerà a stare bene.

Alcuni fratelli si preoccupano eccessivamente quando vedono i loro genitori stressati e possono temere l'impatto che il disturbo anoressico del fratello/sorella può avere sui genitori. È importante tenere a mente questi aspetti, fornire rassicurazioni e parlare con il terapeuta nel caso ci siano ripercussioni negative sugli altri figli.

È inoltre importante che tu abbia cura del tuo benessere personale. Potresti aver bisogno di un po' di tempo libero e chiedere supporto anche ad altri parenti o amici. Ricordati che più forte sarai mentalmente, più sarai in grado di combattere l'anoressia di tuo figlio.

# Che cos'e' il trattamento basato sulla famiglia (FBT)?

Il Trattamento Basato sulla Famiglia (FBT) è un manuale di trattamento dell'Anoressia Nervosa in adolescenza sviluppato da J Lock & D LeGrange.[1] È un trattamento *evidence-based* (basato sulle prove di efficacia clinica): è stato valutato attraverso ricerche cliniche e mostra risultati consolidati di efficacia. L'FBT è considerato attualmente il miglior trattamento per gli adolescenti con meno di 19 anni di età e con durata di malattia inferiore a 3 anni.

La lunghezza del trattamento può variare da 6 a 12 mesi. La maggior parte dei genitori di solito riesce ad aiutare i propri figli durante questo periodo di tempo. Nel caso di una buona adesione alla cura, gli studi clinici non mostrano differenze di esito tra un trattamento di 6 mesi rispetto a uno di 12.[3]

**Il Trattamento Basato sulla Famiglia è diviso in 3 fasi:**

## Fase 1 – Rialimentazione e recupero del peso

Durante questo periodo, i genitori sono incaricati della responsabilità di rialimentare la figlia con disturbo anoressico. Con questo si intende che i genitori prendono il controllo di tutte le scelte rispetto agli alimenti, alle quantità e alla preparazione dei pasti. I genitori dovranno anche assicurarsi che la figlia non svolga esercizi fisici e comportamenti anoressici che causino consumo di energie e calorie; pertanto può essere richiesta una supervisione costante. Queste decisioni sono prese con il supporto e la guida del terapeuta FBT. La filosofia su cui si basa il controllo genitoriale è che l'adolescente sia incapace di gestire l'alimentazione e la scelta appropriata dei cibi, a causa della forza dell'anoressia che domina e distorce il suo modo di pensare rispetto a quale sia il nutrimento più appropriato e salutare.

A questo punto del trattamento è sbagliato presumere che tua figlia sia in grado di comprendere la sua malattia. La realtà è che tua figlia probabilmente crede di stare bene; presumibilmente è riluttante a intraprendere il trattamento e ha il forte desiderio di rimanere magra nonostante i tuoi sforzi disperati di nutrirla.

## Fase 2 – Restituire il controllo sull'alimentazione all'adolescente

Come risultato della rialimentazione ci si aspetta che l'angoscia e i pensieri anoressici di tua figlia diminuiscano. Si spera che tua figlia inizi a sviluppare un po' di comprensione della sua malattia. Nella Fase 2 tua figlia dovrebbe mangiare un'ampia varietà di alimenti e sentirsi più tranquilla nel mangiare. Sebbene il pensiero distorto di tua figlia non sia scomparso completamente (e ci vorrà del tempo affinché ciò avvenga), in genere con un buon aumento di peso molti adolescenti diventano capaci di gestire molto meglio i loro pensieri anoressici. In questa fase, i genitori solitamente riscontrano nella figlia un'elevazione dell'umore e un miglioramento nell'interazione sociale. Molti genitori hanno la percezione di rivedere di più la loro figlia e meno l'anoressia. Questi segni di recupero sono individuali per ogni persona; pertanto l'inizio della Fase 2 può variare tra una famiglia e l'altra. È durante la fase 2, a seguito di adeguati segni di recupero, che i genitori gradualmente restituiranno il controllo sul mangiare alla loro figlia, in modo adeguato rispetto all'età di sviluppo, aiutandola nelle scelte e al tempo stesso a gestire gli errori nel modo di pensare e di mangiare.

## Fase 3 – Completamento del trattamento e identificazione delle problematiche adolescenziali da affrontare

Durante questa fase si presume che l'adolescente abbia recuperato peso, sia capace di gestire il cibo in autonomia e sia di nuovo coinvolto nelle normali attività adolescenziali. Il focus principale di questa fase è identificare ogni problema che impedisca lo sviluppo appropriato dell'adolescente. Il tuo terapeuta ti aiuterà a stabilire programmi appropriati per affrontare questi problemi. Se tua figlia soffre di preesistenti problemi di salute mentale come ansia e disturbo ossessivo-compulsivo, questi dovrebbero essere trattati a seguito del trattamento FBT. Il principale obiettivo di questa fase è, sia per la famiglia che per l'adolescente, ritornare alla vita normale senza disturbo alimentare.

## Le caratteristiche principali dell'FBT sono

- I genitori sono visti come agenti che favoriscono il cambiamento; per tale motivo il trattamento punta a sostenere la capacità dei genitori di assumere il controllo per il recupero dello stato di salute della figlia. Il presupposto è che i genitori rappresentano la risorsa migliore per portare la figlia verso la guarigione.

- L'FBT ha una posizione agnostica sulle cause dell'AN. Il trattamento non colpevolizza nessuno per aver causato la malattia, né cerca alcuna causa sottostante all'anoressia. L'orientamento dell'FBT è che tua figlia soffre di anoressia, che è una minaccia per la sua vita, quindi tu e l'équipe terapeutica dovete far star meglio tua figlia il più velocemente possibile.

- L'FBT "esternalizza" l'anoressia. Ciò significa che l'adolescente non viene incolpato per l'anoressia, ma che è la malattia ad aver preso il controllo della sua mente, diventando così potente per cui tua figlia non riesce a liberarsene: per tale motivo è necessario l'aiuto dei genitori per poter guarire.

Tua figlia avrà una maggiore probabilità di recupero se tu sei in grado di impegnarti e mantenere la costanza e la continuità richiesta dal trattamento. Diluire o modificare il trattamento non è consigliato e può ridurne l'efficacia. L'FBT è un trattamento molto intenso: dovrai contrastare costantemente due aspetti principali che caratterizzano l'anoressia nervosa:

1. **Tua figlia non pensa di stare male. Il suo modo distorto di pensare le comunica di essere semplicemente "fantastica" per la sua magrezza e quindi non desidera cambiare e non è motivata a curarsi.**

2. **Tua figlia non vuole il tuo aiuto e può vederti come il nemico che tenta di farla ingrassare.**

# L'FBT è la terapia per far stare bene tua figlia

### FIGLIA MALATA – IL FARMACO È LA MEDICINA GIUSTA

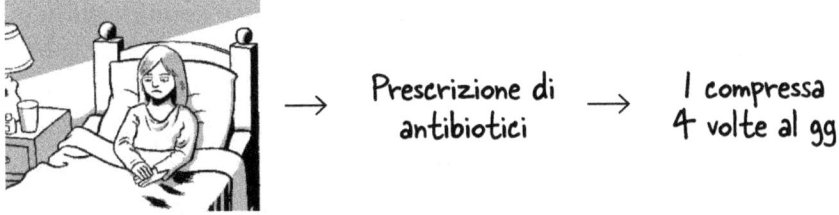

→ Prescrizione di antibiotici → 1 compressa 4 volte al gg

### FIGLIA ANORESSICA – IL CIBO È LA MEDICINA GIUSTA

→ Prescrizione dell'FBT → 3 pasti, 2 spuntini, 2500 calorie al giorno

## Separare la malattia dalla figlia

Un altro elemento fondamentale dell'FBT è separare la malattia da tua figlia. Il tuo terapista ti aiuterà a riconoscere il normale comportamento adolescenziale dal comportamento influenzato dai pensieri anoressici. Per la maggior parte dei genitori i comportamenti anoressici risultano confusi, preoccupanti ed estranei al modo in cui la figlia si comportava prima del disturbo. Nel momento in cui i genitori diventano maggiormente consapevoli che il comportamento della figlia è guidato da pensieri anoressici, diventa più semplice affrontarlo.

Molti adolescenti detestano quando i genitori e/o il terapeuta sottolineano che è la malattia, e non loro, a guidare i comportamenti alimentari e possono rispondere furiosamente affermando: "Non è l'anoressia, sono io" o "Questo è ciò che io voglio fare, non l'anoressia".

Una buona e semplice analogia per aiutare genitori e adolescenti a capire ciò che il terapeuta intende quando separa la malattia dalla persona è usare l'esempio di ciò che accade quando l'adolescente si ammala per un'influenza. Quando tua figlia ha l'influenza, il virus influenzale è responsabile di diversi cambiamenti nel funzionamento del suo corpo. La temperatura aumenta, compaiono raffreddore, mal di gola, fastidi e dolori articolari e muscolari. Può perdere l'appetito, sentirsi stanca e dormire, può essere disinteressata alle cose e incapace di concentrarsi. Pur rimanendo sempre tua figlia, è colpita dal virus e per questo si comporterà in modo differente dal solito. Se l'infezione virale è importante possono anche insorgere deliri, soprattutto se la febbre è molto alta. Ciò è simile a quanto accade a tua figlia quando sviluppa l'anoressia. È sempre tua figlia, ma il suo comportamento è influenzato dall'anoressia.

## Che cosa si intende per guarigione?

**Guarigione totale – L'ideale:**

- Tornare a mangiare in modo normale. Si intende la capacità di mangiare quando si ha fame, in modo spontaneo ed indipendente.
- La possibilità di mangiare un'ampia varietà di alimenti senza paura delle calorie e/o dell'aumento di peso.
- La libertà dai pensieri anoressici e dalle preoccupazioni sul cibo e il peso.
- L'amore e l'accettazione del proprio corpo così com'è, sebbene alcune insoddisfazioni possano comunque essere sperimentate da molte persone senza che questo influenzi negativamente lo stile di vita.
- Il ritorno a uno sviluppo fisico normale che consenta all'adolescente di raggiungere il suo potenziale di crescita. Per le ragazze questo implica il ritorno delle mestruazioni.
- La partecipazione alle normali attività adolescenziali come la scuola, la socializzazione con amici e familiari, l'impegno in uno sport e nelle attività d'interesse.

Mentre il recupero del peso può essere raggiunto rapidamente, il tempo necessario per una guarigione completa può essere più lungo. Tutti gli adolescenti differiscono nelle loro fasi di recupero e molto dipende dai loro tratti di personalità, dalla durata della malattia e da possibili difficoltà psicologiche preesistenti. Per la maggior parte degli adolescenti, il superamento dei pensieri anoressici può richiedere un periodo di 12/18 mesi. Ricorda che l'anoressia nervosa causa un trauma al cervello e il cervello richiede tempo per guarire. Se tua figlia subisce una frattura alla gamba grave e complicata, tu ti aspetterai che ci vorrà molto tempo affinché possa tornare a fare corse competitive – rispetto alla ripresa del peso corporeo, data la sua complessità, il cervello richiede più tempo per guarire.

# La tua équipe terapeutica

Per recuperare la salute di tua figlia avrai bisogno di una squadra di professionisti esperti che ti supportino nel compito della rialimentazione. La squadra di trattamento consiste nei genitori, il terapista FBT, il pediatra e lo psichiatra.

## Il ruolo dei genitori

È usato il termine "genitori" ma si riferisce ad ogni persona che ha la responsabilità di cura dell'adolescente.

I genitori sono i membri **più importanti** della squadra. Hanno l'incarico di occuparsi del processo di guarigione della figlia e di solito sanno ciò di cui la figlia ha bisogno dato che per molti anni hanno cresciuto una figlia sana. Sfortunatamente l'anoressia li ha allontanati dal loro normale percorso genitoriale. I genitori sono gli unici a passare molto tempo a dare sostegno ai figli, a comprenderli, a incoraggiarli, ad amarli e, cosa altrettanto importante, a nutrirli. La maggior parte dei genitori, subito dopo il completamento del trattamento, riferisce che il trattamento FBT è la cosa più difficile che abbiano mai dovuto affrontare nella loro vita. Il compito sarà più semplice se i genitori sono calmi, coerenti, pazienti, disponibili e creativi di fronte a un adolescente con anoressia, in genere oppositivo, che non vuole che i genitori lo aiutino e che non vuole guarire dall'anoressia perché trova conforto e sicurezza nell'avere un corpo magro.

*I genitori sono gli esperti dei propri figli.*

## Ruolo del terapeuta fbt

Il ruolo del terapeuta è di sostenere e guidare i genitori a seguire l'FBT. Il tuo terapeuta ha conoscenze specialistiche sui disturbi alimentari e sull'FBT, ma non può **FARE** il trattamento. I genitori sono gli unici che possono **FARE** il trattamento.

Il tuo terapeuta ti guiderà e ti fornirà consigli rispetto alle molteplici difficoltà con cui ti confronterai come genitore durante la rialimentazione di tua figlia e la gestione dei suoi numerosi comportamenti anoressici.

Il ruolo del terapeuta è anche quello di fornire informazioni riguardo alla malattia di tua figlia, unitamente al supporto e all'incoraggiamento, stimolando la convinzione che tua figlia guarirà - dato che molti genitori, dopo aver iniziato il trattamento, possono percepire il compito da svolgere come qualcosa di insormontabile. Sentirsi sopraffatti è un'esperienza molto comune per i genitori degli adolescenti che soffrono di anoressia nervosa; di solito, grazie al supporto dei terapeuti, i genitori riescono a superare le sensazioni di impotenza e continuano a esercitare il loro ruolo genitoriale nel contrastare la malattia.

Il tuo terapeuta ha fiducia del fatto che tu possa realizzare questo compito. Allo stesso modo, anche i genitori devono aver fiducia nel loro terapeuta. Anche i genitori devono essere convinti che il trattamento funzionerà. Senza questa reciproca fiducia e convinzione il successo del trattamento è difficile. I genitori sono incoraggiati a fare domande su ogni aspetto del trattamento che sentono di non aver compreso.

*Il terapeuta è l'esperto di FBT.*

## Il ruolo del pediatra

Il ruolo del pediatra è monitorare le condizioni mediche di tua figlia. Dato che l'anoressia è una malattia mentale con complicazioni mediche che possono condurre a danni fisici a lungo termine oltre che alla morte, il monitoraggio medico regolare è consigliabile soprattutto nelle fasi iniziali del trattamento, quando l'adolescente è in evidente sottopeso. L'unico consiglio che il pediatra ti fornirà è di tipo medico. Il pediatra è anche responsabile dello sviluppo fisico di tua figlia e prescriverà esami ematici, test di densità ossea o ogni altro test necessario ad assicurare che la crescita di tua figlia proceda nel modo migliore.

*Il pediatra è l'esperto delle condizioni organiche e dei problemi medici.*

# Il ruolo dello psichiatra

Durante la fase iniziale di rialimentazione molti adolescenti provano alti livelli di angoscia. Molti genitori riescono a gestire questa angoscia con il supporto dei loro terapeuti. Se però l'angoscia di tua figlia dovesse sovrastarla al punto da intraprendere comportamenti autolesivi o sviluppare un'ideazione suicidaria, lo psichiatra sarà coinvolto per valutare tua figlia e se necessario può prescrivere dei farmaci. Ogni decisione che si riferisce alla prescrizione di farmaci sarà discussa con te e tu avrai sempre l'ultima parola sulla possibilità o meno che tua figlia assuma dei farmaci. Seppure molti dei comportamenti di tua figlia possono risultare assai preoccupanti, in realtà sono molto comuni negli adolescenti anoressici e di solito diminuiscono con il recupero del peso.

*Lo psichiatra è l'esperto dello stato mentale di tua figlia.*

Ricorda – il compito non può essere completato senza il lavoro congiunto di tutta la squadra!

# Rialimentare mia figlia

Rialimentare una figlia anoressica è di solito il compito più difficile per i genitori che intraprendono l'FBT.

**Nutrire una figlia anoressica non è come nutrire in modo normale.** La maggior parte dei genitori è stata capace di nutrire la propria figlia sana. Un adolescente sano normalmente ha appetito, normalmente ama il cibo e tutti i suoi circuiti cerebrali correlati al cibo e all'appetito funzionano correttamente. Una figlia che soffre di anoressia, però, non ha appetito, odia ed è spaventata dal cibo e con un cervello malnutrito tutti i circuiti del "cibo" sono alterati. Una figlia sana richiede cibo a sufficienza per provvedere alla crescita, all'indice metabolico e alle calorie spese per le sue diverse attività. Al contrario una figlia anoressica, pur richiedendo calorie simili, richiede calorie aggiuntive per avere un significativo aumento di peso.

Molti terapisti FBT diranno ai genitori che loro sono gli esperti della nutrizione della loro figlia e che devono attingere all'esperienza passata in cui nutrivano la figlia sana. Sebbene sia di solito questa l'esperienza comune, nutrire una figlia malata e sottopeso presenta nuove difficoltà per i genitori. Quando tua figlia stava bene e le veniva presentato un pasto nutriente, questo veniva consumato rapidamente e felicemente. Ora l'anoressia la ha catapultata in un territorio sconosciuto e terrificante. Si trova a sperimentare un totale rifiuto del cibo, accompagnato da una forte angoscia durante i pasti. I genitori all'improvviso devono calcolare calorie e/o quantità di cibo necessario per l'aumento di peso richiesto fino a 500g a settimana. Molti sono sorpresi dalle enormi quantità richieste per raggiungere quell'aumento di peso e di solito spendono molte ore a pianificare pasti e spuntini. Conseguentemente i genitori di solito perdono fiducia in loro stessi e iniziano a dubitare delle loro capacità personali; possono beneficiare, quindi, di un sostegno nella gestione del fabbisogno alimentare di un adolescente in crescita che ci si aspetta che raggiunga un rapido recupero del peso.

La conoscenza sull'impatto della denutrizione sul corpo dell'adolescente è a loro estranea, poiché in precedenza hanno lasciato la crescita e lo sviluppo al loro corso naturale. Il tuo terapeuta FBT ti guiderà con l'obiettivo di potenziarti per portare a termine il compito in modo rapido anziché lasciarti alle insidie di tentativi ed errori.

## Perché è così difficile per mia figlia mangiare?

I genitori lottano per capire perché è così difficile mangiare per i loro figli. Dopotutto, mangiare è un istinto naturale e un'esperienza piacevole. Quando i genitori sviluppano una buona comprensione del perché sia così difficile mangiare per la figlia, diventano di solito capaci di rispondere in un modo più calmo e comprensivo. Diventano meno frustrati e più pazienti, riuscendo a essere più determinati a far stare meglio la figlia il più velocemente possibile, liberandola così dall'angoscia struggente che prova.

I seguenti sei elementi sono ciò che tua figlia prova ogni minuto di ogni giorno a causa dell'anoressia nervosa e sono gli elementi che interferiscono con l'alimentazione e l'aumento di peso.

### 1. Tua figlia è spaventata

L'emozione più comune sottostante all'anoressia è la PAURA. Tua figlia ha quella che può sembrarti una paura irrazionale del cibo e di mangiare, ma quello che ha è una paura irrazionale di ingrassare. Tua figlia teme che ogni alimento che mangerà si possa depositare immediatamente in enormi quantità di grasso sul suo corpo.

Tua figlia è spaventata inoltre dalle calorie, dalle bilance, dal pesarsi e conseguentemente dall'aumento di peso. È spaventata da quello che i suoi amici possono pensare di lei se aumenta di peso; teme che se inizia a mangiare gli alimenti "fobici" non riuscirà più a fermarsi. Teme di perdere il controllo che l'anoressia invece le fa mantenere; ha paura di perdere la sua identità dal momento che l'anoressia gliene ha data una, e la lista delle paure può andare ancora avanti.

La paura è così grande che consuma il pensiero di tua figlia durante la maggior parte della giornata. Tua figlia conta continuamente calorie, pensa con orrore al pasto successivo; pensa a come evitarlo e a come bruciare le calorie che gli stai dando. Immagina quanto possa essere difficile per tua figlia mangiare con tutta questa paura.

## 2. Tua figlia è Ansiosa

Il cibo e il pensiero di prendere peso rendono tua figlia ansiosa. Gli studi clinici ci dicono che molti ragazzi con anoressia hanno una comorbilità con un disturbo dell'umore (depressione) o con un disturbo d'ansia (disturbo ossessivo compulsivo, fobia sociale). Loch (2015) ha evidenziato come il 50 % degli adolescenti con anoressia ha un disturbo dell'umore e il 35 % un disturbo d'ansia.[4]

Molti genitori riferiscono che la figlia era ansiosa già prima dell'anoressia. Se tua figlia aveva già dell'ansia preesistente o un disturbo dell'umore, i suoi sintomi potrebbero esacerbarsi con l'anoressia, soprattutto quando deve affrontare il cibo. La sua ansia può diventare così irrazionale ed estrema che quando gli metti un piatto normale di cibo d'avanti, vedrà una montagna di calorie che già percepirà in una parte del suo corpo che odia. Al crescere dell'ansia crescono anche la rigidità e i disperati tentativi di controllare l'ambiente per cercare di ridurre l'ansia. Tua figlia penserà, in modo inconscio; "Se posso controllare il cibo, posso controllare la mia ansia". Per alcuni ragazzi, gli alti livelli di ansia possono portare a un attacco di panico.

## 3. Tua figlia sta affrontando un costante dialogo interno con l'anoressia

Tua figlia è tormentata da un continuo dialogo interno con l'anoressia. Sono voci/pensieri costanti nella sua testa che le dicono di non mangiare e che, se lo farà, ingrasserà, diventerà brutta e non piacerà più a nessuno. L'anoressia le dice anche di non fidarsi di te e che tu sei contro di lei e che vuoi solo farla ingrassare. L'anoressia dice di essere sua amica e l'unica di cui possa aver fiducia, l'unica amica fedele che ha a cuore i suoi interessi. L'anoressia la convince di esserle così tanto fedele che è un tutt'uno con lei e diventa la sua stessa identità. L'anoressia dice anche a tua figlia che la vita non può andare avanti senza il controllo e la sicurezza che l'anoressia le conferisce e che mangiando perderà quel controllo. L'anoressia fa anche credere a tua figlia che può essere speciale e unica solo se resta magra e sottopeso.

Spesso tua figlia ha però un'altra piccola voce che le dice che ti sta ferendo e spaventando, che tu l'ami davvero e che vuoi che stia meglio, ma quella voce è così flebile che viene soffocata dal rumore di sottofondo dell'anoressia. Alcuni adolescenti affermano di essere intrappolati in una situazione impossibile da risolvere: se mangiano per far felici i genitori l'anoressia li castigherà/punirà, mentre se fanno felice l'anoressia non mangiando, voi li punirete e sarete arrabbiati con loro.

### 4. Tua figlia è governata da innumerevoli regole autoimposte

Per sentirsi salva e padrona di quel che le succede, tua figlia ha sviluppato innumerevoli regole che le assicurano di non deviare dal suo obiettivo di rimanere magra e/o perdere peso. Queste regole hanno poco senso per i genitori ma per tua figlia sono confortanti, perché se ci sono regole ci sono anche limiti entro i quali stare. Le regole danno un senso di sicurezza e contenimento così come le regole per la società. Maggiore è la perdita di peso, maggiore sarà il malessere di tua figlia e più rigide diventeranno le regole.

Le regole sono molto simili ai pensieri ma a differenza delle voci e dei pensieri che vanno e vengono, le regole sono fisse e devono essere rispettate a ogni costo.

- Devo controllare le calorie in ogni cosa che mangio per assicurarmi di non prendere peso.
- Posso mangiare solo tot calorie al giorno.
- Non posso mangiare grassi o carboidrati.
- Devo fare un continuo esercizio fisico per assicurarmi di non prendere peso o di perdere le calorie extra che ho mangiato.
- Avere un basso peso è più importante di qualsiasi altra cosa nella mia vita.
- Non posso mangiare niente dopo le 19,00.
- Solo essendo magra sarò attraente per gli altri.
- Solo essendo magra sarò perfetta.
- Solo le persone magre hanno il controllo, le persone grasse non ce l'hanno.

## 5. Tua figlia ha un cervello affamato

Il cervello è l'organo più importante del corpo e per questo il corpo fa ogni sforzo per proteggere il cervello. Durante lo stato di malnutrizione il cervello continua ad avere la priorità nell'accedere alle fonti nutritive a scapito di altri organi e delle altre funzioni del corpo. L'unica fonte di rifornimento per il cervello è il glucosio. Quando i livelli di glucosio sono bassi, il corpo inizialmente metabolizza il grasso seguito dal tessuto muscolare (proteine) per ottenere il glucosio. Quando la denutrizione è grave e prolungata, il corpo distruggerà i neuroni per ottenere glucosio per il cervello: questo comporta una perdita di neuroni e una riduzione della massa cerebrale.

Gli studi di *neuroimaging* del cervello di pazienti con anoressia hanno evidenziato un rimpiccolimento del cervello, dovuto alla perdita di cellule neuronali e una riduzione nella densità di connessioni tra i neuroni (connessioni sinaptiche). La perdita di materia cerebrale sembra essere reversibile con il recupero del peso nella maggior parte dei casi, ma non in tutti. [6] Gli effetti a lungo termine sull'apprendimento, sul comportamento e sull'umore non sono ben noti e richiedono ulteriori ricerche.

Un cervello denutrito funziona in modo molto differente rispetto a un cervello ben nutrito e molti dei sintomi clinici visti nell'anoressia sono causati da cambiamenti nella struttura cerebrale secondari alla denutrizione.[5] La denutrizione porta a danni nei lobi frontali responsabili delle funzioni esecutive – giudizio, intuizione, concentrazione e capacità di prendere decisioni:[6] è per tale motivo che tua figlia appare così spesso irragionevole e irrazionale ai tuoi occhi.

L'*insula* è un'area del cervello che sembra diventare molto disregolata a causa della denutrizione. Il ruolo principale dell'Insula è equilibrare le parti del cervello coinvolte nell'adattamento all'ambiente esterno e quelle responsabili dell'omeostasi/stabilità delle funzioni interne. L'*insula*, inoltre, regola l'appetito e il mangiare. Nell'anoressia nervosa, il danneggiamento dell'*insula* conduce ad alcune anomalie nella regolazione dell'appetito e del mangiare, ad un senso esagerato di pienezza, alla distorsione dell'immagine corporea, alla difficoltà nell'integrazione di pensieri e sensazioni, all'anosognosia (inconsapevolezza di essere malato/a) e ad un accentuato senso di disgusto.[6,7]

## 6. Tua figlia può avere alcuni tratti di personalità che contribuiscono alla malattia e la mantengono

La letteratura attuale ha evidenziato che molti adolescenti affetti da anoressia nervosa condividono diversi tratti del funzionamento della personalità simili, che pare possano esacerbare o mantenere i sintomi anoressici di rigidità e ipercontrollo tipici del pensiero anoressico.

I tratti principali di funzionamento della personalità sono:

**Perfezionismo** – Molti adolescenti si pongono degli standard di funzionamento molto alti per sé stessi. Qualunque cosa facciano non è mai buona abbastanza – deve esserci la perfezione, senza difetti. La perfezione è irraggiungibile, ciononostante molti adolescenti spendono ore strazianti per tentare di raggiungere l'impossibile. Ecco perché il loro desiderio di raggiungere l'impossibile obiettivo di un peso o di un'immagine corporea ideale non sarà mai abbastanza perfetto per loro. Le tendenze perfezionistiche aumentano la loro angoscia e contribuiscono al mantenimento della malattia.[5]

**Inflessibilità cognitiva** – La flessibilità cognitiva, definita anche con il termine inglese di *"set-shifting"*, è l'abilità di adattarsi alle situazioni della vita oscillando tra le diverse possibilità mentali, sia a livello cognitivo che comportamentale. Il *set-shifting* è l'abilità di muoversi in modo flessibile avanti e indietro da un compito all'altro. Le difficoltà di *set-shifting* si identificano con l'inflessibilità cognitiva e si manifestano in risposte rigide e concrete, che si possono collegare a comportamenti ossessivi caratterizzati da rigidità e perfezionismo. Molti pazienti con anoressia nervosa mostrano scarse capacità di *set-shifting* e restano intrappolati in comportamenti maladattativi anche in presenza di pressioni esterne.[5]

**Scarsa "coerenza centrale"** – La coerenza centrale è l'abilità di vedere il "quadro d'insieme". Le ricerche sul profilo neuropsicologico dei pazienti con anoressia nervosa hanno mostrato che tendono ad avere uno stile di elaborazione dell'informazione (*information processing*) lento, dettagliato e focalizzato: tale modalità di elaborazione dell'informazione viene definita in psicologia "deficit di coerenza centrale". Ciò significa che i pazienti che soffrono di anoressia nervosa tendono a focalizzarsi sui dettagli piuttosto che sul quadro d'insieme (*stile di pensiero dettagliato vs stile di pensiero globale*). Lask suggerisce che questo stile di pensiero possa aiutarci a capire il disturbo dell'immagine corporea nei pazienti che soffrono di anoressia. Questo ricercatore clinico ipotizza che le persone particolarmente attente ai dettagli, potrebbero applicare questa modalità di elaborazione dell'informazione anche quando osservano il loro corpo: quando una persona con anoressia si guarda allo specchio tende a vedere parti specifiche del suo corpo di cui è insoddisfatta e valutarle negativamente invece di osservare e valutare il suo corpo nel suo insieme.[5]

## Il cervello anoressico

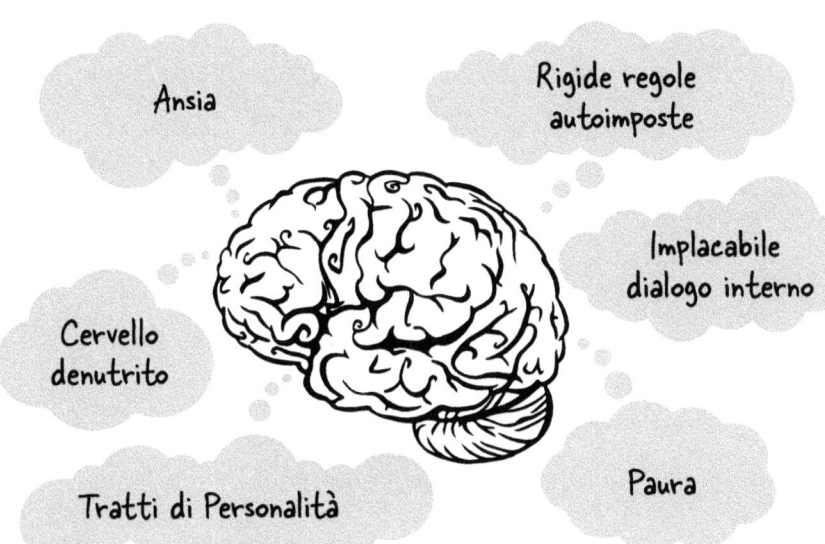

I suddetti elementi pongono continue sfide durante il processo di rialimentazione di tua figlia. Non è una battaglia con lei ma una battaglia contro la paura, l'ansia e l'inefficienza di un cervello denutrito, l'implacabilità del dialogo interno e le numerose regole autoimposte che si sono impossessate di tua figlia. Tua figlia non ha le risorse per intraprendere questa battaglia da sola; è senza potere contro forze enormi. Ha bisogno di **Te** per combattere contro l'anoressia nervosa e per recuperare la sua salute, poiché senza di te sarà sicuramente sconfitta, o con la morte o diventando schiava a vita dell'anoressia. Più a lungo permane la malattia, più forte diventa la sua identificazione con l'anoressia.

# Il cibo è la medicina

Il cibo è l'unica cosa che porterà alla guarigione di tua figlia. Attualmente non ci sono farmaci che possano aiutare tua figlia a stare meglio. La composizione del corpo di tua figlia è fatta di massa corporea magra e grassa. La massa corporea magra si riferisce al peso delle ossa, degli organi interni, dei muscoli e del tessuto connettivo. La massa grassa si riferisce al grasso essenziale e al grasso adiposo. Il corpo di tua figlia richiede equilibrio tra differenti nutrienti per recuperare uno stato di buona salute. Carboidrati, proteine, grassi, vitamine e minerali sono tutti nutrienti essenziali per il suo corpo.

*Carboidrati* sono necessari al corpo per procurarsi il glucosio necessario a dare energia all'organismo. Il glucosio è la fonte di energia preferita dal corpo. Senza un buon rifornimento di glucosio, il corpo non funziona in modo efficace. Il cervello può usare SOLO il glucosio come fonte energetica e per funzionare consuma approssimativamente il 30 % del glucosio richiesto dal corpo. Gli alimenti ricchi di carboidrati includono pane, cereali, riso, patate, pasta, latte, yogurt e frutta. Anche dolci e bevande analcoliche sono ricchi di carboidrati.

*Proteine* sono i mattoni essenziali per la costruzione del corpo. Le proteine normalmente non sono usate come fonte di energia e vengono usate per questo scopo solo quando nel corpo non vengono inserite le quantità sufficienti di carboidrati. Usare le proteine per ottenere il glucosio (unica fonte di energia utilizzabile dalle cellule) è un modo molto dispendioso per l'organismo, poiché il corpo deve distruggere le proteine per ottenere solo una piccola quantità di glucosio. L'anoressia nervosa porta a una specie di auto-cannibalismo: il corpo mangia se stesso per fornire glucosio al cervello e ne consegue la significativa perdita di peso e la perdita di tessuto muscolare. I cibi che sono ricchi di proteine includono carne, pesce, pollo, latte, yogurt, formaggio, fagioli, noci e semi.

*Grassi* la maggior parte delle pubblicità attuali afferma che "i grassi sono cattivi"; tuttavia, il corpo richiede grasso per funzionare correttamente. Il grasso dovrebbe costituire il 20-30 % delle calorie totali. Il grasso è essenziale per la normale funzione del corpo. Esso aiuta l'assorbimento delle vitamine essenziali incluse le vitamine A, D, E e K. Gli alimenti ricchi di grasso includono olio d'oliva, margarina, burro, noci e semi, avocado così come tutti i cibi elaborati come cibo "take-away", biscotti e torte.

Il grasso presente nel midollo osseo, nel sistema nervoso centrale, nel cervello, negli organi principali, nell'intestino e nei muscoli è definito grasso essenziale poiché importante per il normale funzionamento del corpo, al contrario del grasso adiposo che è grasso accumulato a seguito del consumo eccessivo di cibi ricchi di grassi. La morte per denutrizione è dovuta ad un totale esaurimento del grasso corporeo che costituisce una riserva per creare glucosio.

Il grasso è una necessità essenziale per un corpo sano e la percentuale di grasso corporeo negli adolescenti dovrebbe essere del 15-20 % in relazione a età e tappa di sviluppo. Un grasso corporeo molto scarso può contribuire a complicazioni mediche gravi che riguardano diversi distretti corporei come il sistema cardiovascolare, endocrino, riproduttivo, scheletrico, immunologico, gastrointestinale, renale e il sistema nervoso centrale.

Il grasso corporeo è utilizzato:

- Come isolante per conservare il calore corporeo. Una riduzione del grasso corporeo può portare a intolleranza al freddo e a bassa temperatura corporea: questo è il motivo per cui gli adolescenti con anoressia nervosa sentono costantemente freddo.
- Il cervello e il sistema nervoso centrale hanno un'alta percentuale di grasso. Il grasso è richiesto per la guaina mielinica nel sistema nervoso, che può essere paragonata alla copertura di plastica dei fili elettrici (n.d.t). Un basso livello di grasso corporeo esaurisce e distrugge la guaina mielinica comportando una conduzione lenta degli impulsi elettrici usati dal cervello. Ne conseguono uno scarso funzionamento cerebrale, bassi livelli di concentrazione, confusione e pensieri irrazionali.
- Scarsi livelli di grasso corporeo possono portare a una perdita di densità ossea con il conseguente aumento del rischio di fratture da sforzo.

# Quantità di cibo richiesto

Tua figlia dovrà fare tre pasti e 2/3 spuntini al giorno per un totale di circa 2500 calorie, se deve prendere peso velocemente. Alcuni adolescenti possono aver bisogno di mangiare di più nelle fasi iniziali di rialimentazione poiché il loro metabolismo basale di solito aumenterà. Il metabolismo basale è la percentuale di energia che il corpo utilizza mentre è a riposo per mantenere le funzioni vitali. Quando le persone non assumono calorie a sufficienza per un po' di tempo, si verifica una riduzione del metabolismo basale e questa percentuale può aumentare fino al 120 % dopo la rialimentazione.

Carboidrati e grassi saranno cibi spaventosi per tua figlia poiché crede erroneamente che se mangia questi cibi ingrasserà. La maggior parte degli adolescenti ha i cosiddetti cibi sicuri; tuttavia, i cibi sicuri sono di solito quelli con poche calorie. La tua adolescente non recupererà completamente fino a che non sarà in grado di mangiare tutti i cibi senza paura. Di conseguenza è compito tuo garantirle la proposta di cibi, sia sani che fobici, e il consumo di un pasto bilanciato che contenga carboidrati, proteine e grassi.

Molti genitori cadono nella trappola di provare a presentare specialità gastronomiche con la convinzione che cucinare cibi più interessanti invogli la figlia a mangiare. Un'adolescente che soffre di anoressia nervosa odierà la maggior parte dei cibi, quindi i vostri sforzi, anche se con le migliori intenzioni, possono non essere apprezzati. Ricorda che non stai gestendo un ristorante ma il tuo compito è di aiutare tua figlia a recuperare il suo stato di salute. La sola cosa importante è fornirle la giusta quantità di cibo per riprendere peso. Per questo motivo, il tuo principale obiettivo dovrebbe consistere nei cibi buoni, genuini e nutrienti. Molti genitori trovano più semplice aumentare la densità calorica degli alimenti (ovvero più calorie) piuttosto che la quantità: dipenderà da te trovare il modo più adeguato per far avere a tua figlia le calorie necessarie **a ogni pasto e per ogni giorno** finché non si ristabilisca la sua salute fisica.

Dopo i pasti tua figlia si lamenterà di star male, di sentirsi piena, gonfia, e di soffrire di mal di pancia. Questo è abbastanza normale. Durante il digiuno lo stomaco si restringe un po' e ora, con l'aumento delle quantità inserite, lo stomaco deve distendersi e tornare alla sua normale misura. Questo fastidio non durerà a lungo e una borsa calda sullo stomaco dopo i pasti può aiutare.

Molti adolescenti si lamentano per la costipazione. Anche questo è abbastanza comune e si risolverà con il ritorno a un'alimentazione normale e regolare, il solo rimedio per consentire al sistema digestivo di tornare al suo funzionamento normale. Sebbene acqua e succhi di frutta possano contribuire alla regolarità, è importante ricordare che consentire a tua figlia di bere troppa acqua la riempirà e ciò le renderà più difficile mangiare i pasti da te preparati.

Gli anni dell'adolescenza sono la seconda fase di crescita più intensa dopo il primo anno di vita. Tutti gli adolescenti hanno bisogno di un'adeguata quantità di calcio dato che l'adolescenza è il momento in cui accumulano il picco di densità ossea. L'osteoporosi è un fattore di rischio significativo per gli adolescenti con un disturbo alimentare prolungato. Durante la denutrizione tua figlia può perdere la densità ossea o non accrescere la massa ossea; pertanto è importante, nella dieta, dare calcio a sufficienza per contribuire a reintegrarlo. I teenagers necessitano di 3-4 porzioni di latticini ogni giorno. Una porzione di latticini è: 250ml di latte, 200g di yogurt, 50g di formaggio stagionato tipo parmigiano o 120g di ricotta. Ci sono molti altri fattori che contribuiscono alla salute di ossa forti, tra cui la vitamina D, il ritorno delle mestruazioni (estrogeni) per le ragazze e sufficiente testosterone per i ragazzi. Ciò dovrebbe essere discusso con il medico, che solitamente prescrive un test per la misurazione della densità ossea.

Avere una diversa comunità di batteri intestinali è importante per la salute; le ultime ricerche suggeriscono che la varietà del microbiota intestinale nei soggetti con anoressia può ridursi a causa della denutrizione[8]. Sebbene non testato, un probiotico e/o uno yogurt possono essere utili a ristabilire una corretta carica di batteri intestinali.

L'anoressia di tua figlia si impegnerà a confondere le acque attraverso innumerevoli peculiarità nei comportamenti alimentari che i genitori faticano a comprendere. Molti di questi comportamenti sono esclusivamente finalizzati all'evitamento del cibo, dato che per tua figlia ciò che è difficile è mangiare in maniera adeguata. Questi "capricci" alimentari sono anche un tentativo di distrarti dal tuo compito di aiutare tua figlia a rialimentarsi. La cosa migliore è bloccare questi comportamenti il prima possibile.

Esempi di comportamenti distraenti sono:

- Rompere/tagliare il cibo in piccoli pezzi
- Spalmare il cibo nel piatto
- Mangiare con un cucchiaino da tè
- Trattenere il cibo in bocca e non deglutire
- Gettare/nascondere il cibo
- Scappare via dalla tavola
- Linguaggio estremo e aggressivo
- Gridare o piangere
- Rompere stoviglie/suppellettili
- Tentare di ferirsi con forchetta, coltello ecc.

La seconda seduta dell'FBT è caratterizzata dal pasto familiare. I ricercatori che hanno messo a punto il protocollo terapeutico dell'FBT hanno videoregistrato queste sedute e hanno esaminato le strategie usate dai genitori per aiutare la figlia a mangiare. Dall'analisi dei video sono emersi diversi tipi d'interazione che sono stati classificati nelle seguenti categorie:

- Suggerimenti alimentari espliciti, finalizzati a spingere direttamente l'adolescente a mangiare: "Devi mangiare tutto il tuo pranzo" o "Prendi il toast e mangialo".
- Suggerimenti alimentari indiretti e incoraggianti: "Va' avanti", "Perché non mangi qualcosa in più?"
- Suggerimenti fisici: spingere il piatto verso l'adolescente.
- Risposte restrittive che limitano altre aggiunte: "È abbastanza per ora", "Non un altro toast".
- Incentivi positivi: "Se finisci il tuo pasto, puoi andare al cinema stasera".
- Incentivi negativi che descrivono conseguenze negative: "Se getti il tuo panino a terra, dovrai mangiarne due".
- Commenti autonomi: "Ne vuoi un altro?" o "Quale vorresti?"
- Fornire informazioni: "Questo renderà le tue ossa forti".

Un dato molto interessante evidenziato dallo studio è che i genitori che usavano suggerimenti alimentari diretti ed espliciti sono quelli che hanno avuto il maggior successo nell'aiutare i figli a ripristinare un peso fisiologico.[9]

# Modelling

Il *modelling* (modellamento) è un processo di apprendimento attraverso il quale la figlia imita il comportamento dei genitori senza la necessità di direttive esplicite; da qui deriva il termine *role-model* (modellamento per ruolo).

Sarà difficile per tua figlia mangiare tre pasti e 2/3 spuntini se la famiglia non dà un esempio adeguato e non ha comportamenti alimentari normali tipo pasti regolari, non saltare i pasti, mangiare insieme come una famiglia, ecc.

Molte famiglie faticano a trovare tempo per mangiare un pasto insieme nonostante le loro migliori intenzioni a farlo, a causa del lavoro o degli impegni sportivi o scolastici dei figli. Laddove è possibile, sarà assai più semplice per tua figlia mangiare, se potrai riservare dei momenti dedicati a pasti regolari con tutti i membri della famiglia presenti in grado di dare supporto. Mangiare insieme dà anche il messaggio implicito che mangiare e i momenti dei pasti sono importanti e sono un momento per stare insieme, per condividere e impegnarsi in conversazioni familiari.

Durante i pasti tua figlia potrà lamentarsi che mangia più dei suoi fratelli e/o dei genitori. Alcuni genitori fanno anche loro lo sforzo di mangiare di più, aumentando la quantità di cibo per loro e degli altri figli; questo, però, non è consigliabile perché rinforza solo il desiderio di controllo dell'anoressia. Comunica gentilmente a tua figlia che è lei a essere malata e che, una volta guarita, le sue quantità di cibo verranno ridotte e saranno come quelle dei fratelli che stanno bene.

Molti adolescenti entreranno molto in ansia per quello che state facendo per nutrirli: per questo vogliono essere coinvolti nell'acquisto del cibo, nella pianificazione e nella preparazione dei pasti. Durante questi momenti avere tua figlia accanto in genere porta solo a interminabili discussioni. Tua figlia vorrebbe che comprassi degli alimenti con poche calorie o dietetici, e durante la preparazione dei pasti diventerà ansiosa e proverà a convincerti di non aggiungere ingredienti che considera troppo calorici come l'olio o il burro ecc. Per tale motivo sarà più semplice per te comprare, cucinare e pianificare i pasti senza la sua presenza. Spiegale gentilmente che tu sai ciò di cui il suo corpo ha bisogno e cosa è necessario fare per farlo star meglio e che, quando starà bene, riprenderà a scegliere cosa mangiare. I genitori che hanno sofferto o che a loro volta soffrono di un disturbo alimentare possono trovare molto difficile gestire e supervisionare la figlia durante i pasti. Alcuni genitori con una storia di disturbo alimentare hanno raccontato che osservare la figlia mangiare le quantità obbligatorie di cibo attivava ricordi passati, relativi alle loro stesse difficoltà alimentari. Altri hanno anche riferito sensazioni di disgusto nel vedere la figlia mangiare le quantità di cibo necessarie a guarire, sebbene riconoscessero perfettamente come avesse bisogno di assumere quelle quantità. Se stai combattendo con questa difficoltà, non sentirti riluttante o imbarazzato a parlarne con il tuo terapeuta FBT: ti potrà aiutare a esplorare modi diversi per gestire la rialimentazione di tua figlia.

Considerata la grande enfasi che viene data dai media alla salute, al benessere e al peso, molte famiglie si preoccupano del peso e della forma e molte famiglie adottano strategie per controllare meglio il peso, come diete, alimenti misurati, cibi salutari, esercizio fisico, ecc. Sarà più semplice per te gestire e rialimentare tua figlia che soffre di anoressia se l'attenzione a questi aspetti potrà essere sospesa per un po', fino alla ripresa del suo peso fisiologico. È bene concentrarsi invece sul mangiare in modo normale, che significa mangiare una varietà di cibi senza paura e mangiare con piacere e gioia.

# Mangiare fuori dall'ambiente domestico

## MANGIARE A SCUOLA

Ritornare a scuola e mangiare a scuola di fronte ai pari sarà uno passaggio importante per tua figlia. L'ansia e la paura di mangiare saranno alte, pertanto il pensiero di mangiare di fronte agli altri e la preoccupazione per quello che gli altri possono pensare aumenterà la sua ansia fino a livelli insopportabili. Nella fase 1 dell'FBT è consigliato che i pasti a scuola siano supervisionati dai genitori. Questo è necessario per assicurarsi che tua figlia consumi tutto quello che le hai dato e forse in questo modo sarà anche più semplice per lei mangiare. Alcuni genitori organizzano il pasto della figlia in modo da consumarlo in macchina durante l'ora di pranzo. Altri genitori, impossibilitati a supervisionare il pranzo a scuola, si organizzano in modo da incaricare un altro membro fidato della famiglia, o anche un insegnante della scuola, a svolgere questo compito. Non è raccomandabile far supervisionare i pasti a scuola da fratelli o da altri coetanei.

Se organizzi la supervisione del pranzo con un professore, dovrai informarlo (via foto o via e-mail) su cosa hai preparato per tua figlia. Se è possibile, la scelta migliore è consegnare il pranzo di tua figlia direttamente all'insegnante. Gli insegnanti non sanno di quanto tua figlia abbia bisogno di mangiare e, se non avvisati, accetteranno quello che lei porterà loro, pensando che è quel che tu hai preparato. Non mettere tua figlia nella situazione di essere tentata di buttar via parte del pasto: questo è quello che l'anoressia può spingerla a fare. Ricorda che, benché gli insegnanti proveranno a fare del loro meglio per aiutarti, non hanno né la conoscenza dell'anoressia né sono coinvolti come lo sei tu e, quindi, possono essere facilmente distratti da altre attività e dare inavvertitamente l'opportunità a tua figlia di nascondere o gettare via il cibo. Diverse ragazze che soffrono di anoressia riferiscono che è difficile mangiare con le loro coetanee poiché molte di loro mangiano poco o nulla. Sfortunatamente questo è abbastanza diffuso, quindi dovrai spiegare a tua figlia che, nonostante la situazione, non sei responsabile di quel che fanno le sue amiche ma sei responsabile di fare la cosa giusta per lei.

# Mangiare fuori casa

Come già detto in precedenza, spesso le ragazze che soffrono di anoressia provano molta ansia nel mangiare fuori casa e di fronte agli altri. Per tua figlia, andare fuori al ristorante è spaventoso, perché ha paura di ciò che non riesce a controllare e che è sconosciuto – cosa c'è nel menù? Quali sono gli ingredienti e le calorie contenute nei cibi? Uno dei modi migliori per superare l'ansia è attraverso l'esposizione progressiva alla situazione che la crea. Quando tua figlia inizierà gradualmente a prendere peso, tu dovrai aiutarla a superare questa paura: ciò si affronta meglio, se si procede a piccoli passi. Decidi in anticipo con tua figlia dove andrete e cosa ordinerete. Un primo passo iniziale è uscire insieme per prendere un caffè o qualcosa di semplice e, preferibilmente, qualcosa che lei mangerà tranquillamente: piano piano, poi, potrai organizzare gradualmente dei pasti e delle pietanze più impegnative.

*Ricorda che l'obiettivo è tornare a mangiare in modo normale!*

## Suggerimenti che molti genitori ritengono utili durante la rialimentazione della loro figlia

- La cosa migliore è proporre fin dall'inizio un'alimentazione varia in cui siano presenti anche alcuni dei cibi "fobici", altrimenti nel momento in cui si dovranno introdurre i cibi fobici, sarà come iniziare tutto da capo.

- Non cadere nella trappola che i "cibi sani" faranno star meglio tua figlia. L'anoressia è fondamentalmente paura del cibo e in particolare dei cibi ad alta densità calorica. Capirai che tua figlia sta meglio quando potrà mangiare senza paura, e un buon segno di guarigione è quando potrà riprendere a mangiare quello che mangiava prima dell'anoressia.

- Durante i pasti non prendere l'abitudine di negoziare, provare a convincere, fare prediche o usare la logica. In genere questi sforzi sono assolutamente fallimentari e rappresentano una buona tattica che l'anoressica utilizza per perdere/evitare il tempo dedicato alla rialimentazione. Invece, attieniti a dare suggerimenti diretti a mangiare il cibo che prepari per tua figlia e così si potrà sconfiggere l'anoressia.

- Non cadere nella trappola di preparare quello che pensi che tua figlia riuscirà a mangiare. Questo serve solo a placare la tua paura. Devi dare a tua figlia ciò che è necessario per farla stare in salute.
- Non consentire a tua figlia di intromettersi nella preparazione dei pasti, nella loro pianificazione, nel conteggio delle calorie eliminando i cibi fobici. Metti semplicemente il pasto di fronte a lei e dalle il supporto necessario a mangiarlo.
- Assicurati di sapere bene quanto tua figlia ha bisogno di mangiare per riprendere peso e gli alimenti che le consentiranno di raggiungere un peso adeguato. Anche se i genitori sono di solito molto bravi a nutrire una figlia sana, devono imparare velocemente a nutrire una figlia denutrita.
- Non aspettarti che tua figlia sia in grado di prendere decisioni rispetto a cosa mangiare; il suo pensiero è troppo compromesso perché possa fare questo e si sentirà colpevole per qualunque decisione presa. È una situazione stressante per lei e sarà un sollievo quando qualcuno riuscirà a prendere queste decisioni per lei.
- Cerca di non parlare del mangiare sano, ma parla del mangiare normale. Mangiare in modo normale è quello che un adolescente medio fa – mangia in modo vario, regolarmente, è flessibile e mangia con gioia e senza paura.
- Tenta di bloccare tutti i comportamenti anoressici durante i pasti il prima possibile, ad esempio spezzare il cibo in piccoli pezzi, mangiare con un cucchiaino, ecc., poiché questo tipo di comportamenti rinforza l'anoressia. Ogni volta che riesci a spingere tua figlia oltre il limite delle sue paure, per lei diventerà più semplice (è come la terapia dell'esposizione).
- Sii preparato a resistere e a combattere con l'anoressia. Ci sarà una continua battaglia per far recepire il messaggio a tua figlia e per convincerla che tu sei più forte dell'anoressia e che non cederai perché non lascerai che possa accaderle qualcosa. L'intensità di questa battaglia è diversa per ciascuna famiglia in rapporto a: 1. La forza dell'anoressia, 2. La personalità di tua figlia

e le sue caratteristiche, 3. Eventuali disturbi mentali preesistenti, come ansia e disturbo ossessivo compulsivo e, infine, 4. Le diverse dinamiche relazionali che caratterizzano ogni famiglia. La forza della tua perseveranza deve essere allo stesso livello della gravità della malattia: è questo il modo in cui tua figlia sentirà la tua forza rassicurante. Impara ad essere risoluto contro l'anoressia.

- Non permettere al tuo animale domestico di sedersi con tua figlia mentre mangia: spesso molti animali domestici vengono nutriti con il cibo che tu credevi fosse tua figlia a mangiare.
- Assicuratevi di mostrare un'unità familiare e che entrambi i genitori siano d'accordo su ciò che la figlia deve mangiare; che il pasto venga finito, che voi non starete lì a negoziare con l'anoressia e che vi sosterrete a vicenda. Se l'anoressica vede qualche debolezza in uno dei genitori, se ne approfitta.
- Sii attento sedendoti accanto a lei, supervisionando tua figlia affinché finisca l'intero pasto che le hai dato. Tua figlia può nascondere il cibo nelle maniche, nelle tasche, nei tovaglioli e in molti luoghi che ti sorprenderanno: farà di tutto per evitare di mangiare se le si dà anche mezza occasione.
- Nonostante le difficoltà presenti, prova a rendere il momento del pasto il più normale possibile, impegnandoti in conversazioni familiari ed usando la distrazione.

## RICORDA
✓ Sii fiducioso
✓ Sii costante
✓ Sii compassionevole
✓ Sii calmo
✓ Sii creativo

# Esempi di piano alimentare di pasti e spuntini

Gli schemi seguenti danno un esempio della quantità di cibo che tua figlia deve mangiare ai pasti principali e quali sono gli spuntini adeguati alla ripresa del peso. Lo schema del pasto e dello spuntino è SOLTANTO una guida per aiutarti a capire il fabbisogno per il recupero del peso e dovrebbe essere usato come tale. Sentiti libero di scambiare gli alimenti che contengono un quantitativo calorico analogo. Tua figlia potrebbe preferire attenersi a uno schema del pasto; tuttavia, non è una buona idea attenersi rigorosamente allo stesso schema del pasto ogni giorno poiché si rinforza solo la rigidità. L'obiettivo per tua figlia è tornare a mangiare in modo normale, che significa mangiare ciò che è disponibile e/o servito dai genitori senza paura. Le ricerche suggeriscono che il consumo di una dieta assortita può essere correlato agli esiti migliori nel trattamento dell'anoressia nervosa.[10]

### Esempio di spuntini appropriati da dare a tua figlia

*(Fornito da Francesca Cazzella, Dietologa Specializzata in Disordini Alimentari)*

### Esempio di un Pasto

|  | Quantità | Gruppi alimentari |
|---|---|---|
| Colazione | 1 tazza latte intero 250ml | O 250ml yogurt intero |
| Colazione | 1 cucchiaino zucchero | O 2 quadratini cioccolata |
| Colazione | 1 porzione alimenti da colazione | 60g cereali (2 bicchieri plastica), 5 fette biscottate con marmellata/miele/cioccolata, o 6 biscotti frollini o 8 biscotti secchi o 1 merendina o 1 brioche ripiena |
| Spuntino | 1 succo di frutta +crackers | O 1 succo + merendina o 1 succo e 6 biscotti o 1 succo e un panino (40gr) con marmellata o prosciutto |

|  | Quantità | Gruppi alimentari |
|---|---|---|
| **Pranzo** | 60g primo piatto | Pasta, riso, farro, orzo, polenta, couscous. |
|  | 1 cucchiaio condimento | Parmigiano |
|  | 1 porzione secondo piatto | 150g carne, 200-250g pesce o 2 uova, o latticini, o 240g legumi cotti, o 100g affettato |
|  | 1 porzione verdure | 250g a crudo o un piattino insalata |
|  | ½ porzione pane | 30g circa o 1 pacchetto grissini o crackers |
|  | 1 porzione frutta | Circa 250g da pulire |
|  | Condimenti: olio extra vergine di oliva | 3 cucchiaini |
| **Merenda** | Tè o caffe o tisana zuccherata con un cucchiaino zucchero o un succo di frutta o 1 yogurt intero | 50g cereali, o 6 biscotti frollini, o 1 merendina o 4 fette biscottate con marmellata/miele/cioccolata, o 1 fetta crostata/torta o 1 frozen yogurt con granella e frutta o un cono gelato |
|  | +1 porzione alimenti merenda |  |
| **Cena** | 1 porzione secondo piatto | 150g carne, 200-250g pesce o 2 uova, o latticini, o 240g legumi cotti, o 100g affettato. |
|  | 1 porzione verdura | 250g a crudo o un piattino insalata |
|  | 60g pane | O 2 pacchetti grissini o 2 pacchetti crackers o 50g riso |
|  | 1 porzione frutta | 250g circa da pulire |
|  | Condimenti: olio extra vergine di oliva | 3 cucchiaini |

## Esempi di cena fuori casa

| Paninoteca | Ristorante | Pizzeria | Fast food |
|---|---|---|---|
| 1 panino farcito | 1 secondo | 1 pizza al piatto | 1 panino |
| 1 bibita (200ml) o un frutto | 1 contorno |  | 1 porzione piccola di patatine |
|  | 2 fette di pane | 1 coppetta di frutta |  |
|  | 1 coppetta frutta |  | 1 bibita piccola |

## Riflessioni di un genitore – Il dolore della Rialimentazione

*Prima di rialimentare nostra figlia durante l'FBT, non sapevamo come aiutarla a farle mangiare qualunque cosa che fosse al di fuori del suo rigido schema alimentare autoimposto. La lista dei cibi "accettabili" si stava riducendo sempre più e noi eravamo molto preoccupati, diventando quasi disperati.*

*Il nostro terapeuta FBT ci ha dato gli strumenti per contrastare in maniera diretta questa malattia spaventosa. Siamo tornati a casa e abbiamo fatto proprio così!*

*L'angoscia di nostra figlia durante la rialimentazione era significativa. Sebbene per noi fosse impegnativo, spaventoso ed estenuante, per nostra figlia tutto ciò era sicuramente molto di più. Di fronte a ogni pasto "inaccettabile", i "pensieri" nella sua testa gridavano e si infuriavano fino a farla reagire come se noi ci aspettassimo da lei che facesse un salto in un precipizio di 50 metri. Voi come reagireste? Personalmente combatterei fino alla morte per fermare i miei genitori così "incoscienti" da mandarmi verso la rovina.*

*La nostra bella, premurosa, collaborativa, sensibile, ben educata e amabile figlia era diventata rapidamente qualcun altro. I suoi occhi si velavano e cominciava a gettare via il cibo, violentemente e ripetutamente, il più lontano possibile. Gridava, piangeva, dava pugni e ci colpiva, ci buttava il cibo addosso, gettava oggetti di casa e suppellettili, ci insultava, colpiva e graffiava se stessa, correva in casa e scappava fuori dal portone andando per strade e stradine (con noi e i suoi fratelli a inseguirla). Si arrotolava dentro una bolla chiusa così da non poter mangiare e avere interazioni con noi. Teneva il cibo in bocca per più di mezz'ora senza deglutire. Manteneva il cibo dietro la lingua per poi eliminarlo successivamente. Era abile a nascondere il cibo davanti ai nostri occhi; nelle sue maniche, nelle tasche, nei calzini, nelle scarpe, ecc. Si accorgeva dello spostamento del mio sguardo e coglieva l'opportunità di nascondere il cibo. La sua angoscia era così elevata che iniziava ad avere pensieri suicidari. La controllavamo 24 h al giorno 7 giorni su 7 per assicurarci che non si facesse del male.*

Per molte settimane, i momenti dei pasti richiedevano da 1 a 4 ore di tempo dall'inizio alla fine.

Durante ogni pasto mi sedevo accanto a mia figlia per incoraggiarla a mangiare. Le chiedevo di tirare su la forchetta e iniziare a mangiare. Le dicevo "So che puoi farlo", "Questo è ciò di cui hai bisogno", "Sei al sicuro, sono qui per aiutarti ad affrontare questo pasto", "Mangiare non è negoziabile, andiamo avanti".

Ci assicuravamo che finisse il pasto intero senza preoccuparci del tempo impiegato. I pasti richiedevano molte ore, ma abbiamo osservato ogni morso fino in fondo. Alla fine ha capito che non saremmo MAI tornati indietro sulle nostre aspettative e che non avremmo permesso che non mangiasse un pasto.

Sì, eravamo esausti, ma la nostra determinazione e perseveranza ha pagato e alla fine lei ha compreso che era meno faticoso per lei mangiare piuttosto che combattere contro di noi. Eravamo una grande forza ed eravamo determinati a "riprenderci nostra figlia" e salvarle la vita.

Come genitori, mantenersi calmi e "al potere" durante la rialimentazione è stato cruciale (anche se non ci sembrava!). Nostra figlia era davvero spaventata e la nostra reazione doveva essere calma e rassicurante, non importa quanto fosse difficile farlo. Aveva bisogno della nostra stabile rassicurazione proprio per essere in grado di fronteggiare la paura.

Riflettendoci, dovremmo descrivere il processo di rialimentazione come una specie di "esorcismo da una possessione demoniaca"! È stato terrificante, ma assolutamente essenziale per mettere nostra figlia su un percorso di guarigione dall'Anoressia Nervosa.

**Scritto dalla madre di una bambina di 9 anni con Anoressia.**

# Ulteriori comportamenti che tua figlia può mettere in atto per evitare di prendere peso

## Condotte di compenso

Le condotte di eliminazione sono sia il vomito autoindotto che l'abuso di lassativi e/o diuretici. L'angoscia e il senso di colpa che tua figlia può provare dopo i pasti, possono spingerla intraprendere condotte di compenso, che rappresentano un tentativo di liberarsi dalle calorie introdotte attenuando, così, il senso di colpa.

Le condotte di compenso hanno conseguenze a lungo termine dannose per la salute; è perciò consigliabile interrompere questi comportamenti il più presto possibile. Il vomito eccessivo può causare danni alla parete esofagea, reflusso gastro-esofageo, erosione dello smalto dentale, sanguinamento gastrointestinale e squilibrio elettrolitico. L'abuso di lassativi può causare disordini elettrolitici, indebolimento del pavimento pelvico e prolasso rettale e interferire con l'assorbimento dei nutrienti. Se tua figlia inizia a mettere in atto condotte di compenso, tu dovrai monitorarla molto da vicino, soprattutto dopo i pasti. Dopo i pasti è di solito raccomandato il riposo di un'ora nel letto.

## Attività fisica

Molti adolescenti che soffrono di anoressia iniziano un'attività fisica intensa nel tentativo di bruciare le calorie introdotte. Nelle fasi iniziali di rialimentazione è consigliabile sospendere tutti gli esercizi al fine di determinare quanto cibo è necessario a tua figlia per riprendere peso. Non dimenticare che tua figlia sarà spinta a fare esercizio e ha pochissima capacità di interromperlo da sola.

A prescindere da quello che normalmente si intende come esercizio fisico, ci sono diverse forme di comportamenti che tua figlia potrà mettere in atto senza che tu possa accorgerti che sta facendo un'attività fisica eccessiva. Di seguito sono riportati alcuni esempi di attività fisica che potrebbero essere intraprese da tua figlia:

- Tua figlia preferisce stare in piedi piuttosto che seduta – stare in piedi fa consumare più energie rispetto a stare seduti – *Fai stare tua figlia seduta.*
- Iperattività senza riposo – oscillare, camminare a lungo per svolgere vari compiti, uso eccessivo delle scale, ripetizione di compiti inutili – *Ferma tua figlia se inizia questi comportamenti.*
- Esercizi di nascosto – ciò accade quando tua figlia non è supervisionata, ad esempio, alzandosi ripetutamente dalla sedia nella sua stanza, facendo salti o esercizi di squat nella doccia – *Fai una supervisione e un monitoraggio aggiuntivo.*

## Temperatura corporea

Sia riscaldare che raffreddare il corpo richiede energia. Le persone con anoressia di solito sentono freddo a causa dello stato di impoverimento delle energie. Molte adolescenti con anoressia proveranno a bruciare calorie/energie intenzionalmente cercando di provare sia molto freddo (indossando abiti molto leggeri, lasciando finestre aperte durante il clima freddo, ecc.) sia molto caldo in modo da sudare (riscaldando la loro stanza e coprendosi con una coperta – tipo sauna). Se sospetti qualcuno di questi comportamenti, dovrai assicurarti che tua figlia mantenga una temperatura corporea normale per aiutarla a conservare energia.

*Ricorda che devi stare
un passo avanti all'anoressia!*

# Unita' genitoriale

L'unità genitoriale è probabilmente l'abilità più importante per gestire tua figlia affetta da anoressia. Lo strumento migliore che voi genitori avete per combattere la malattia è fare un fronte unico contro l'anoressia. Le decisioni dovranno esser prese in modo congiunto e dovrete entrambi dare un messaggio coerente su ogni aspetto della rialimentazione, sulle vostre aspettative nei confronti di vostra figlia e del suo comportamento, altrimenti l'anoressia vi dividerà e fondamentalmente annullerà tutti gli sforzi fatti per farla stare meglio.

Aumentare l'autorevolezza genitoriale è fondamentale ed è uno dei predittori più forti di guarigione. Il manuale FBT sottolinea che i genitori *"devono stare sulla stessa lunghezza d'onda, sulla stessa linea e sulla stessa lettera"*. Studi di Ellison e altri hanno evidenziato che l'aumento di peso era raggiunto in modo più adeguato quando i genitori erano uniti e in grado di assumere il controllo.[11]

# Perché i genitori faticano a lavorare insieme?

Normalmente i genitori si approcciano al ruolo genitoriale con vedute molto diverse rispetto a quello che deve fare un genitore. Questo è dovuto alle diverse esperienze personali che ognuno di noi sperimenta nel rapporto con i propri genitori. Crescendo nelle nostre famiglie di origine noi internalizziamo automaticamente il modello dei nostri genitori. In psicologia questo viene chiamato "modello operativo interno della genitorialità". Quanti di noi hanno detto: "Quando sarò genitore, non farò mai questa cosa a mio figlio", per poi realizzare con stupore, una volta diventati genitori, che stiamo agendo e facendo esattamente quel che facevano i nostri genitori.

Avere diverse visioni dell'essere genitore di solito non è un grande problema se l'andamento familiare procede in modo fluido. La maggior parte delle famiglie riesce a gestire abbastanza bene le diversità, in termini di valori e aspettative, che ogni genitore si porta dal suo passato. A volte un genitore assumerà il ruolo "morbido" e l'altro genitore quello "duro". Il figlio si adatta velocemente allo stile di ciascun genitore e alle sue aspettative. Quando si ha a che fare con un adolescente affetto da anoressia ogni disaccordo tra i genitori diventa disastroso. L'anoressia divide velocemente i genitori ingiuriando il genitore più forte e provando a guadagnare la simpatia o diventare alleata del genitore che risulta più debole nel conflitto tra i genitori. Quando si ha a che fare con una figlia con anoressia, essere genitore diventa improvvisamente qualcosa di sconosciuto e difficile, e i genitori iniziano a dubitare delle loro abilità genitoriali. Appaiono sciocccati dal fatto che le loro normali capacità e strategie genitoriali sembrino non funzionare più. La nuova crisi della famiglia comporta instabilità e fa partire i genitori in svantaggio rispetto a cosa fare e a come gestire la figlia malata di anoressia. Il conflitto familiare e il criticismo si mostrano immediatamente quando un genitore prova a gestire una situazione e fallisce. Ciò può comportare che l'altro genitore diventi critico verso gli sforzi del partner, sentendo di conoscere un modo migliore di gestire anche solo il fallimento della situazione. Sfortunatamente quando questo accade è l'anoressia il vero vincitore.

Ciò che alimenta il conflitto tra i genitori è l'esposizione continua all'angoscia della figlia. Una figlia angosciata genera ansia e insicurezza nei genitori, che rimangono da soli con i loro vissuti di impotenza. Una figlia affetta da anoressia, quando viene messa a confronto con il cibo, diventa molto stressata, ed è probabile che le venga da gridare e piangere, e inevitabilmente questo colpirà le corde del tuo cuore dato che la vedi soffrire. Quando ciò accade, è assolutamente normale che i genitori si sentano sopraffatti da un senso d'impotenza e confusione e ciò potrebbe convincerti a fare sconti sul cibo. Devi essere sempre molto attento a capire se la tua reazione nei confronti di tua figlia è guidata dall'ansia che provi in risposta alla sua angoscia. Ti devi fortificare attraverso la tua stessa ansia e rimanere concentrato sul compito, per far star meglio tua figlia.

> I genitori devono rendersi conto che rialimentare un adolescente con anoressia NON È comportarsi come genitori normali.
>
> È una prescrizione per far guarire tua figlia e consentirle di recuperare il peso che ha perso; pertanto come prescrizione è necessario che la figlia sia gestita esattamente nello stesso modo da entrambi i genitori.

Un buon modo per i genitori per riflettere su questa frase è questo: se un medico prescrive a tua figlia l'assunzione di una compressa di antibiotico ogni 4 ore, è assai probabile che gestirai la sua terapia seguendo le indicazioni mediche. Entrambi i genitori si atterranno alla prescrizione e al dosaggio. Sarebbe insensato pensare che uno dei genitori possa modificare la posologia a 2 compresse di antibiotico 4 volte al giorno o gestire la terapia a modo suo. Se pensate di "fare la rialimentazione" seguendo le prescrizioni, a cui **ENTRAMBI** dovete aderire e agire proprio come da prescrizione, si può lavorare insieme in modo più semplice, senza che le opinioni individuali interferiscano sul compito da svolgere.

# La tua risposta emotiva verso tua figlia

Ci sono quattro vie emotive con cui i genitori reagiscono ai loro figli – apatia, simpatia, empatia e compassione.

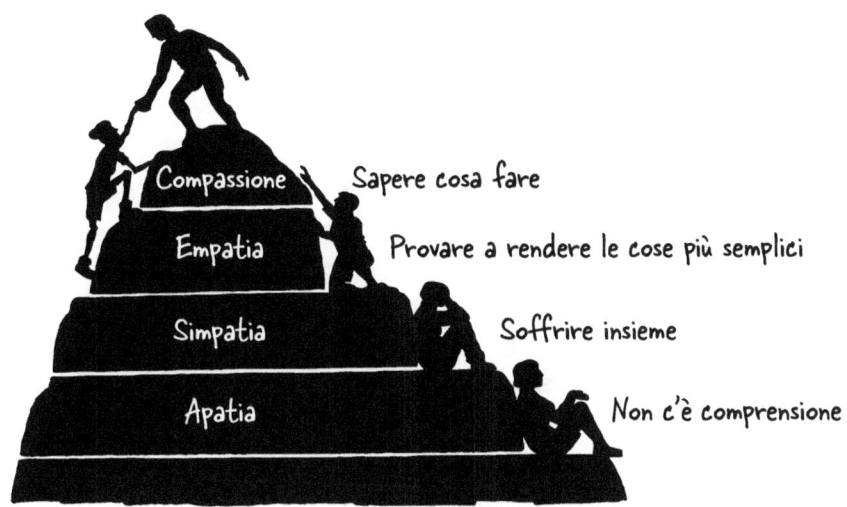

## APATIA

Alla base della piramide delle risposte emotive che osserviamo nei genitori di una ragazza anoressica c'è l'apatia. Quando sei apatico, sei scollegato da ciò che sta succedendo. I genitori di solito reagiscono in questo modo quando faticano a comprendere l'anoressia e quello sta succedendo alla figlia. L'apatia è evidente quando senti i genitori dire: "Perché non mangia?" o "Ma com'è possibile che sia così difficile mangiare, è così testarda! In questi casi il messaggio che dai a tua figlia è: "Io non capisco proprio cosa ti sta succedendo. Non sono collegato con quello che stai provando."

## SIMPATIA

I genitori di solito provano molta simpatia perché si preoccupano per i loro figli e vederli angosciati, solitamente, li fa reagire con troppa simpatia. Simpatia in realtà significa "soffrire insieme". Troppa simpatia non farà guarire tua figlia. Il messaggio che dai con la simpatia è: "Sono così dispiaciuto per te e capisco così tanto quanto sia difficile per te affrontare tutto questo che non me la sento proprio di renderti le cose ancora ancora più difficili: non insisterò per farti mangiare quello che devi mangiare. Starò qui seduto accanto a te a condividere la tua sofferenza". Se la tua unica reazione è la simpatia, sia tu che tua figlia sarete incastrati.

## EMPATIA

Spostiamoci verso l'empatia. Quando i genitori sono empatici, possono davvero capire quanto sia difficile per la figlia mangiare adeguatamente. Anche tua figlia sa che tu comprendi quanto sia difficile per lei e siete, quindi, collegati da questa comprensione condivisa. I genitori empatici si sentono così vicini all'angoscia dei figli che cercano di farli mangiare nel modo per loro più accettabile, in un modo che permetta di alimentarsi con ciò che li rende più tranquilli e che generalmente è rappresentato da alimenti magri o da ciò che i figli chiamano "cibi sicuri". Sebbene con tanta empatia tu possa vedere alcuni miglioramenti, sia tu che tua figlia sarete presto incastrati. Anche in questo caso, la troppa empatia non va nella direzione di aiutarla a raggiungere la piena guarigione. La guarigione completa significa mangiare in modo normale e salutare, e ciò non accade se tua figlia non viene mai incoraggiata a mangiare ogni tipo di alimento, inclusi i "cibi fobici" che mangiava prima all'anoressia. Quando sei troppo empatico, il messaggio che tu dai figlia è: "Capisco e farò di tutto per rendere la cosa il più semplice e accettabile per te a spese di una completa guarigione".

## COMPASSIONE

Alla fine c'è la compassione. Quando sei compassionevole, comprendi davvero la difficile situazione di tua figlia. Comprendi davvero contro cosa sta combattendo, ma sai anche che se non la porti fuori da questa difficile situazione non guarirà mai e non potrà mai condurre una normale vita da adolescente. Con la compassione sei deciso a migliorare la situazione di tua figlia senza preoccuparti di quanto sia difficile farlo. Il messaggio che dai è: "Ti capisco e sono con te, ma devo fare quello che faccio per aiutarti a stare meglio. Voglio farti uscire da questa situazione in cui sei così incastrata."

> Considerata l'intensità del trattamento, è normale che ti troverai a oscillare tra queste quattro emozioni, ma è fondamentale che tu comprenda che per far star meglio tua figlia, dovrai agire per la maggior parte del tempo (90-95%) con compassione.

Il comportamento compassionevole è facile averlo con chi l'accetta, ma ricorda che una parte di tua figlia non vuole il tuo aiuto, vuole rimanere magra e malnutrita e combatterà per restare così; quindi, tu dovrai restare focalizzato sul tuo compito anche di fronte alle manifestazioni di rabbia verso di te. Sii pronto ad accettare che tua figlia non si arrenderà senza lottare e ricorda il detto: "Uniti stiamo in piedi, divisi cadiamo". Tua figlia ha bisogno che i genitori siano uniti tra loro nel perseguire il compito della rialimentazione.

Un buon modo per rimanere concentrati sul percorso intrapreso è sviluppare una specie di mantra che può essere ripetuto internamente quando ti senti frustrato e/o arreso di fronte a tua figlia. Ecco alcuni esempi:

- *Mia figlia ha bisogno di me per affrontare tutto ciò.*
- *Supereremo questa situazione ogni pasto e un giorno alla volta.*
- *Mia figlia è spaventata e non può prendere decisioni adeguate.*
- *Non è mia figlia che mi parla, ma è l'anoressia.*
- *Deve mangiare per stare bene: questo è l'unico modo per far tornare mia figlia.*
- *Ha bisogno di noi per essere aiutata. Non può combattere l'anoressia da sola.*
- *Il cibo è l'unica cosa che farà ridurre la sua angoscia.*
- *Il suo comportamento aggressivo è un pianto in cerca del mio aiuto.*
- *L'anoressia la sta tormentando, tutto ciò che devo fare è nutrire mia figlia.*

È importante ricordare di non scoraggiarsi quando le cose vanno male e inevitabilmente, nonostante tutti i migliori sforzi, ci saranno le volte in cui le cose andranno davvero male. Questo è il momento in cui è necessario rafforzare la tua determinazione e pensare a come potrai fare le cose in modo diverso la prossima volta. Di seguito c'è una ruota di problem solving che molti genitori trovano utile e dovrebbe essere usata di frequente per potenziare il supporto e la comunicazione tra loro.

## La ruota del problem solving

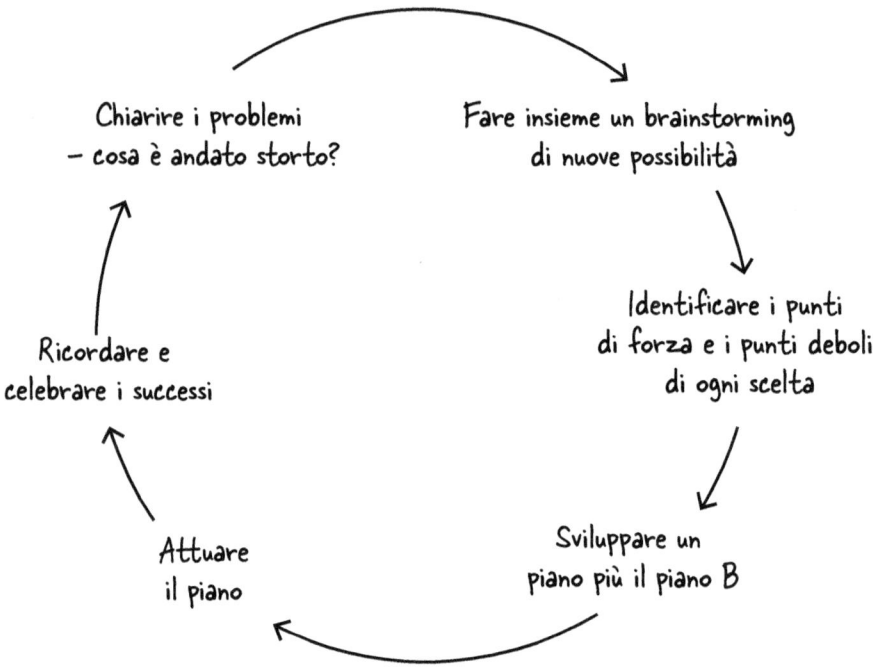

# Come dovrei rispondere a mia figlia?

## Che cosa fa sentire al sicuro bambini e adolescenti?

Uno dei compiti principali dei genitori è quello di crescere dei bambini sicuri. Per fare ciò, i genitori devono creare un ambiente coerente e affidabile in cui i bambini si sentano sicuri di poter esplorare e spingere i loro limiti, sapendo che i loro genitori sono a disposizione se dovessero fallire. Perché questo possa accadere, i genitori devono porre dei limiti molto chiari rispetto a quale è e quale non è un comportamento accettabile. Si chiama genitorialità autorevole ed educativa, in cui il figlio ha fiducia e fa affidamento sui genitori. Nulla è più spaventoso per un figlio che sentirsi fuori controllo, aggravato dalla consapevolezza che anche i suoi genitori si sentono fuori controllo.

L'anoressia fa sentire tua figlia totalmente fuori controllo, nonostante possa illudersi o protestare di avere il pieno controllo delle cose. Se tua figlia avesse effettivamente il controllo, non metterebbe a rischio la sua salute fino al limite in cui si trova. Sfortunatamente l'anoressia porta anche i genitori a sentirsi fuori controllo. Se i genitori mostrano segni di essere intimoriti, o dall'anoressia o dal comportamento della figlia, quest'ultima sentirà di non poter fare affidamento sui suoi genitori e si sentirà abbandonata proprio nel momento in cui aveva più bisogno di loro. Altre volte, mostrare di essere intimoriti dall'anoressia può anche far sentire tua figlia più forte e darle la certezza che solo lei è in grado di prendersi cura di sé stessa. Se tua figlia non può affidarsi a te per sentirsi al sicuro, le resta solo l'anoressia a cui potersi affidare: in questo caso continuerà a essere governata dall'anoressia. Questo senso di autosufficienza e l'affidarsi all'anoressia la porterà a essere sempre più restia a cercare aiuto dagli altri.

È necessario che tu risponda in modo calmo e non critico, nonostante tua figlia appaia angosciata e arrabbiata. Devi mostrare che hai il controllo della situazione e che sai ciò che stai facendo nonostante dentro di te ti possa sentire ugualmente angosciato e incerto rispetto a ciò che stai facendo. La tua ferma convinzione di fare la cosa giusta farà sentire tua figlia contenuta emotivamente e al sicuro. Se i genitori – le persone in cui tua figlia ha sempre creduto – non possono aiutarla, penserà automaticamente che non c'è nessuno che possa farlo e che quindi è in pericolo.

*Esercizio pratico per dimostrare la sensazione di sentirsi contenuti* – Chiudi per un momento i tuoi occhi e immagina di essere in una stanza con un gruppo di amici e che nella stanza accanto scoppi un incendio. Un vigile del fuoco arriva correndo nella vostra stanza: è molto ansioso, spaventato, si sbraccia urlando e gridando che c'è un incendio che sta divampando senza controllo nella stanza accanto. Il pompiere vi dice di non essere sicuro di riuscire a spegnere il fuoco e di riuscire a portare tutti fuori velocemente e in modo sicuro. Nonostante le sue migliori intenzioni, la sua mancanza di fiducia aumenta immediatamente la tua ansia e la tua paura di morire, perché non riesci a fidarti di lui e della possibilità che riesca a mettervi in salvo. Il comportamento del vigile del fuoco ti ha reso più incerto e inizi a chiederti se lo devi ascoltare e se sa davvero cosa sta facendo.

Ora immagina lo stesso scenario: questa volta il vigile del fuoco arriva nella tua stanza in modo molto calmo, ti dice che c'è un incendio nella stanza accanto e che tutto è sotto controllo, che il fuoco verrà spento rapidamente, che non c'è nulla di cui preoccuparsi e che se voi seguite le sue istruzioni e restate calmi lui porterà tutti fuori in salvo. Questo vigile del fuoco ti farà automaticamente sentire protetto e al sicuro.

È necessario che tu interagisca con tua figlia in un modo simile – con la calma e la fiducia del vigile del fuoco, cosicché lei possa sentirsi protetta e al sicuro, con la convinzione che tu potrai aiutarla.

*Il messaggio per tua figlia è che tu la terrai al sicuro e che non lascerai che le accada nulla.*

Quando hai a che fare con tua figlia, se senti che stai per perdere il controllo e ti stai arrabbiando, inventa una scusa e allontanati facendo intervenire il tuo partner al posto tuo. Arrabbiarsi con tua figlia la farà solo sentire in colpa. In questo modo si comunica all'anoressia che ci sta logorando e che sta vincendo; quello che dovrà fare l'anoressia è mantenere la sua influenza su tua figlia in modo da farti sentire sufficientemente frustrato e convincerti ad arrenderti.

A volte i genitori si sentono spaventati o angosciati dalle manifestazioni di rabbia e angoscia della figlia e sentono che, insistendo con il cibo, aumenteranno il senso d'angoscia della figlia. Questo è il modo dell'anoressia di distrarti da quello che devi fare: l'unico modo per alleviare l'angoscia di tua figlia è aiutarla a tornare a un peso salutare, perciò devi rimanere focalizzato sul tuo compito e nutrirla. Tua figlia può anche sentirsi temporaneamente felice quando non la fai mangiare di più, ma internamente continuerà a essere tormentata dalla sua anoressia se rimane in un peso malato e con un'alimentazione insufficiente per il suo corpo e per sostenere il suo sviluppo fisico.

# Come devo gestire l'angoscia di mia figlia?

Molti genitori fanno fatica a comprendere e a gestire l'angoscia della figlia. Vedere tua figlia perdere il controllo, piangere, gridare e angosciarsi profondamente fa sentire anche te molto vulnerabile, impotente e angosciato.

La maggior parte delle ragazze con anoressia si angoscia molto quando è posta di fronte alla quantità di cibo necessaria e al conseguente aumento di peso. Sia il cibo che l'aumento di peso fa sentire tua figlia come se avesse perso il controllo. Alcune adolescenti diventano così tanto angosciate da mettere in atto gesti autolesivi, minacce di suicidio e tentativi di fuga, diventando aggressive e molto offensive nei confronti dei genitori. Devi sempre ricordare perché tua figlia è così angosciata (ricorda i fattori sottolineati a pag. 32-37). Normalmente, man mano che lo stato di malnutrizione migliora questi comportamenti si riducono. Purtroppo per alcuni adolescenti i pensieri anoressici possono persistere per più tempo e non scompaiono completamente se non dopo 12-18 mesi. Ricorda che tua figlia ha subìto un forte stress al cervello e quindi il cervello ha bisogno di tempo per guarire: se tua figlia ha subito una grave frattura della gamba, ci vorrà molto tempo per riprendere l'uso completo della gamba e ricominciare a fare corse competitive.

Nancy Zucker ha descritto eloquentemente come le emozioni siano simili alle onde. L'analogia di Nancy aiuta i genitori a visualizzare con maggiore comprensione cosa sta succedendo alla figlia quando è angosciata. Aiuta i genitori anche a essere più consapevoli di come le emozioni della figlia s'intensifichino con il "salire dell'onda emotiva".[12]

Quando tua figlia è esposta alla sensazione che ciò a cui è esposta è una situazione ingestibile, l'intensità delle emozioni che prova aumenta notevolmente. Più tua figlia si avvicina alla cresta dell'onda emotiva e più intensa sarà la sua angoscia. Ad esempio, quando si confronta con il cibo, la sua angoscia (energia emotiva) inizierà ad aumentare. Con il salire dell'onda emotiva, le sue abilità di pensare con lucidità e di riprendere il controllo emotivo diminuiscono. Quando ha raggiunto la cresta dell'onda emotiva, sarà in uno stato di eccitazione emotiva estrema, e a questo punto la sua paura e le sue emozioni sono così intense che non riesce più a rispondere in maniera logica o con un ragionamento sensato. Quando tua figlia si trova a scalare l'onda emotiva, ciascun livello d'intensità richiede una risposta diversa.

Tua figlia ha bisogno di te per scendere dall'onda emotiva e tornare in uno stato di maggiore calma. Il tuo compito è imparare a calmarla e aiutarla ad apprendere le abilità necessarie per farla scendere, in modo sicuro, dalla sua onda emotiva.

Quando tua figlia sta scalando l'onda, è il momento di intervenire con la distrazione e tecniche di auto-rilassamento. A questo punto tua figlia inizia ad avere alcune abilità per concentrarsi meglio e per autoregolarsi. In ogni caso, una volta sulla cresta dell'onda, parlare e usare la logica non funziona più ed è meglio dare conforto fisico a tua figlia con un abbraccio e dicendole che la terrai al sicuro. È sempre meglio intervenire prima che si raggiunga la cresta dell'onda.

Sulla cresta dell'onda – attivazione emozionale estrema – tua figlia non risponde né alla logica né alla razionalità.

Sull'onda media – tua figlia ha un po' di capacità di ragionare e in questa fase la distrazione può aiutare

Alla base dell'onda – quando inizi a notare un'intensità emotiva crescente, intervieni rapidamente in questa fase con la calma e la distrazione.

# Come faccio a far scendere mia figlia dall'onda emotiva?

La distrazione è il processo di pensare a qualcosa così intensamente tanto da perdere l'attenzione al pensiero/situazione originaria che creava angoscia. La distrazione porta via transitoriamente la tua attenzione dalle emozioni forti. I genitori usano tecniche di distrazione quando sanno che i figli affronteranno o stanno affrontando una situazione angosciante. Per le adolescenti che soffrono di anoressia le situazioni più angoscianti, in genere, riguardano il cibo e il mangiare sia prima, dopo che durante il pasto. Pertanto, la strategia di distrazione da te scelta dovrebbe coincidere con il momento in cui ti accorgi che l'ansia di tua figlia può raggiungere il suo picco.

- **Dopo il pasto** - Dopo un pasto l'anoressia può far sentire tua figlia estremamente in colpa e può essere sommersa da pensieri auto distruttivi e pensieri di fallimento causati dalla perdita di controllo. Quando tua figlia si trova in questo stato, è probabile che cerchi di eliminare le calorie assunte attraverso il vomito e/o con l'esercizio fisico. Il dopo pasto è un buon momento per introdurre attività che la distraggano da questi pensieri.

- **Prima del pasto** - Molti adolescenti che soffrono di anoressia diventano molto agitati prima di mangiare, perché iniziano a pensare alle quantità e agli alimenti che i genitori faranno loro mangiare. Vogliono sapere cosa stanno preparando i genitori e cosa stanno mettendo nel piatto. È più semplice tenere tua figlia fuori dalla cucina e, in genere, è un buon momento per usare tecniche di rilassamento e/o tecniche di distrazione.

- **Durante il pasto** - Anche mangiare il pasto può essere un momento difficile e quindi potresti usare la distrazione. Molte famiglie si siedono insieme al momento del pasto e provano a iniziare conversazioni su fatti quotidiani non correlati al cibo, per distrarre il loro figlio; molti consentono alla figlia di vedere il suo programma TV preferito, video su Youtube o usare video games come distrazione.

Sta a te conoscere il tuo nemico – l'anoressia. Tu devi sapere quando l'anoressia è più forte. È durante il pasto della mattina o della sera? Quando l'anoressia è più forte, sii più preparato con strategie e un piano per gestire l'angoscia di tua figlia. La sua angoscia non è circoscritta solo al mangiare, al cibo e al prendere peso: ci saranno momenti durante il trattamento in cui tua figlia sarà angosciata, in risposta a pensieri sull'immagine corporea soprattutto quando gli abiti diventano più stretti e/o si osserva allo specchio. Impara a leggere queste situazioni velocemente prima che tua figlia venga trascinata troppo in alto sulla sua onda emotiva. Ricorda che più riesce a rimanere sulla parte bassa dell'onda e più sarà semplice portarla giù sulla spiaggia. I genitori di solito sanno cosa piace e cosa non piace ai propri figli, quindi ogni strategia di distrazione che userai avrà più successo se è focalizzata sugli interessi di tua figlia.

Di seguito ci sono strategie che molti genitori hanno trovato utili. Tu puoi essere creativo e inventarne altre per conto tuo perché nessuno conosce tua figlia meglio di te. Ricorda che le strategie devono aiutarla a focalizzare completamente la sua attenzione sull'attività che le proponi. Nelle fasi iniziali del trattamento la strategia non può prevedere un eccessivo dispendio di calorie; quindi le strategie devono essere sedentarie. Man mano che tua figlia riprende peso, le attività distraenti possono essere più attive, come uscire per una breve passeggiata, ecc. Hai comunque bisogno di essere guidato dal tuo terapeuta FBT rispetto ai possibili esercizi aggiuntivi.

## Strategie di distrazione

- **Zentangle** – È una forma d'arte complessa che richiede molta concentrazione e molti adolescenti artisti di solito amano questa tecnica. È normalmente chiamata "yoga per la mente".
- **Libri da colorare** – Di solito sono molto rilassanti e assorbono la mente.
- **La TV e YouTube** – Sono grandi distrazioni, soprattutto i video divertenti relativi a episodi domestici e ad animali. I video sui gatti sono i più visti su Youtube perché molto divertenti e distraenti.
- **Arti creative** – Se tua figlia ha capacità creative e ama fare attività manuali creative, cerca di essere creativo insieme a lei.
- **Audio libri** – Se tua figlia era una lettrice appassionata, ascoltare uno dei suoi racconti preferiti mentre mangia può allontanare la sua mente dal pasto.
- **Giochi liberi online** – Cruciverba, giochi vari, ecc.

## Strategie di autorilassamento

- Ascoltare musica rilassante, meditazione/zen. Esistono varie app per questo.
- Usare APP per la respirazione e la calma.
- Meditazioni guidate e visualizzazioni – Ci sono molte app per questo o puoi guidare tua figlia a farlo.

*Ricorda che l'attività distraente deve essere interessante, appassionante, coinvolgente e qualcosa su cui è semplice focalizzarsi per un periodo di tempo sostenuto.*

## *Riflessioni di un genitore sulle tecniche di distrazione durante la rialimentazione*

Il nostro terapeuta FBT ha presentato a nostra figlia lo "Zentangle" o "yoga per la mente". Durante i pasti nostra figlia ha voluto creare le sue immagini di Zentangle che l'hanno aiutata nel corso di molti pasti difficili. I disegni erano creativi, richiedevano attenzione al dettaglio e cosa più importante la calmavano. I disegni erano belli e lei era orgogliosa del suo lavoro artistico.

Nostra figlia ha anche scoperto un modo di respirare per calmare la sua mente durante i momenti particolarmente angoscianti. Lei immaginava un "quadrato" e, partendo dalla base del quadrato, inspirava contando fino a quattro fino a raggiungere la sommità del quadrato, tratteneva il respiro contando fino a quattro restando sulla sommità del quadrato, espirava contando fino a quattro dalla sommità alla base del quadrato, poi tratteneva il respiro contando fino a quattro per l'ultima volta da destra a sinistra.

Questo poteva rallentare il suo battito cardiaco e a volte aiutare a ridurre l'ansia.

Dopo i pasti, abbiamo scoperto quanto fosse importante distrarre nostra figlia dalla sua angoscia. Spesso uscivamo per una camminata di 20 minuti insieme. Ciò dava a mia figlia l'opportunità di parlare. A volte però rimaneva in silenzio! Sia che fosse una camminata silenziosa o una chiacchierata, dopo la camminata lei si sentiva in genere più rilassata e a suo agio. Altre volte, dopo i pasti abbiamo giocato a ping-pong! Non avevamo un tavolo da ping-pong, così abbiamo fatto quel che ci sembrava meglio: comprare le racchette, le pallette e una rete portatile che abbiamo montato sul tavolo della nostra sala da pranzo. Insieme a tutti in famiglia abbiamo giocato per ore a ping-pong e siamo diventati tutti estremamente competitivi!

Inoltre, abbiamo visto ogni stagione della serie TV "Friends" in DVD e nostra figlia ha guardato da due a tre episodi ogni sera dopo cena. Non vedeva l'ora ed era meraviglioso vederla ridere di nuovo.

Durante i primi giorni di rialimentazione abbiamo deciso che era il momento di prendere un cagnolino, non soltanto per nostra figlia, ma anche per l'intera famiglia. I nostri figli più piccoli erano profondamente colpiti dalle montagne russe emotive indotte dalla rialimentazione e il nostro straordinario cane ha dato – e continua a dare – a nostra figlia e ai suoi fratelli, tanto amore e conforto. Nostra figlia dice che non saprebbe cosa fare senza il nostro cane di famiglia. Il cane non stava con noi durante i pasti!

L'anoressia nervosa è una malattia complessa e noi spesso ci siamo sentiti come se stessimo imparando attraverso la pratica. Ogni momento libero che avevamo facevamo ricerche sui disturbi alimentari attraverso i libri, frequentando dei meeting, e cercando risposte sul web attraverso un forum specifico (F.E.A.S.T. Around the dinner table forum). Abbiamo anche frequentato una conferenza sui disturbi alimentari, che è stata illuminante, informativa e ci ha dato l'opportunità di collegarci ad altre famiglie di pazienti che ne soffrono. Sapevamo che era fondamentale recuperare il maggior numero di informazioni e conoscenze possibili per aiutare nostra figlia a guarire dalla sua malattia.

**Scritto dalla madre di una ragazza di 14 anni, affetta da Anoressia.**

# Semplici suggerimenti per aiutare tua figlia a gestire la sua ansia

Le attuali ricerche hanno evidenziato che c'è una grande associazione tra ansia e disturbi alimentari. Un'alta percentuale di adolescenti con anoressia soffre di ansia già durante l'età infantile: ciò è predittivo dei sintomi più gravi dei disturbi alimentari.[13] Gli adolescenti con ansia premorbosa hanno una marcata tendenza a sviluppare sintomi ansiosi durante il recupero del peso. Durante l'anoressia tua figlia svilupperà molte paure irrazionali e pensieri sul cibo che tenderanno a esacerbare ogni ansia preesistente. Tua figlia soffrirà anche di 'ansia anticipatoria', cioè diventerà molto ansiosa al solo pensiero di affrontare il pasto successivo che stai preparando, prima ancor prima di presentarglielo davanti.

In poche parole, l'ansia è il risultato di quei pensieri che ti convincono che non riuscirai a fronteggiare una certa situazione o un evento.

Ad esempio: Pensiero – „Non farò nulla di buono durante il mio esame." Tu rimani a preoccuparti e a ruminare di continuo su quel pensiero fino a che ti convinci che fallirai nonostante tutti gli sforzi per studiare per l'esame. Così facendo, costruisci effettivamente un'immagine mentale del tuo stesso fallimento. Pensando costantemente al pensiero/risultato negativo lo **"rinforzi"** continuamente e, rinforzandolo, rinforzi anche il percorso neurale negativo.

Un buon modo di gestire quest'ansia è sostituire l'immagine/pensiero negativo con affermazioni positive e creare un'immagine positiva rispetto al ricevere una "A" come voto d'esame. Durante la giornata devi ripeterti più volte le affermazioni e i pensieri positivi e visualizzare il tuo successo il più spesso possibile, soprattutto nei momenti in cui sei calmo. Alla fine convincerai il tuo cervello che prenderai una "A". In questo modo stai realmente riprogrammando la tua mente, creando nuovi percorsi e riducendo i percorsi negativi (ansia) limitando così l'ansia stessa.

# La necessità dell'esposizione

Un adolescente con anoressia e alti livelli di ansia di solito svilupperà pensieri e paure su alcuni alimenti che ha classificato come "cattivi", insieme a quelle che ritiene le inevitabili conseguenze negative che questi alimenti hanno sul suo corpo. L'adolescente può anche sviluppare ansia riguardo al mangiare di fronte agli altri o all'uscire per mangiare in pubblico. La loro costante preoccupazione su questi aspetti non farà altro che rinforzare le convinzioni negative. Nonostante l'ansia di tua figlia, dovrai aiutarla a confrontarsi con queste paure, esponendola proprio a ciò che teme. Questa è definita **terapia dell'esposizione**. Pertanto, dovrai gentilmente portare tua figlia a mangiare i cibi fobici e a mangiare in pubblico e con gli altri. Se non esponi tuo figlia a ciò che la rende ansiosa, la completa guarigione non verrà raggiunta.

Molte di queste situazioni indurranno "ansia anticipatoria". Un buon modo per aiutare tua figlia a gestire queste situazioni e la sua ansia è insegnarle a fare esercizi di respirazione profonda. Una buona strategia è sviluppare "momenti di ripasso" durante il giorno. Ciò si fa chiedendo a tua figlia di sedersi comodamente, mettere le mani sull'addome, chiudere gli occhi e fare dei lenti e profondi respiri dalla base dello stomaco e sentire la salita e la discesa dell'addome, concentrandosi sulla sua respirazione. Devi anche chiederle di visualizzarsi calma e presente. È consigliabile fare questi esercizi per 2 minuti e ripeterli per 10-12 volte al giorno.

I ripassi possono essere utili sia prima che dopo i pasti. Questo esercizio può esser fatto insieme o puoi guidare tua figlia attraverso l'esercizio. La ripetizione costante dei ripassi è finalizzata a insegnare a tua figlia ad autoregolarsi. Molti genitori trovano l'esercizio utile anche per la riduzione del loro stesso stress e dell'ansia relativa al processo di rialimentazione.

# BIBLIOGRAFIA

1. Lock J & LeGrange D., *Treatment Manual for Anorexia Nervosa – A Family Based Approach*, Second Ed. 2013, Guilford Press, NY, London. Lock J & LeGrange D., Treatment Manual for Anorexia Nervosa – A Family Based Approach, Second Ed. 2013, Guilford Press, NY, London.

2. Doyle P, LeGrange D, Loeb K, Doyle A, Crosby R, Early response to Family-Based Treatment for adolescent Anorexia Nervosa, 2009, *Int J Eating Disorders*, 43(7):659-62.

3. Lock J, Agras WS, Bryson S, Kraemer HC, 2005: Comparison of short and long-term family therapy for adolescent anorexia nervosa, *J AM Acad Child & Adolescent Psychiatry*, 44:632-639.

4. Lock J, 2015: An Update on Evidence-Based Psychosocial Treatments for Eating Disorders in Children and Adolescents, *Journal of Clinical Child & Adolescent Psychology*, DOI: 10.1080/15374416.2014.971458.

5. Lask B, & Frampton I, *Eating Disorders & the Brain*, 2011, Pub Wiley-Blackwell.

6. Nunn K, Hanstock T, & Lask B, *The Who's Who of the Brain*, 2008, Jessica Kingsley Pub. London & Philadelphia.

7. Nunn K, Frampton I, Gordon I, Lask B, 2008: The Fault is not in her parents but in her insula – a neurobiological hypothesis of anorexia. *Eur Eat Disord Rev*, 16(5):355-60.

8. Kleiman S, Carroll I, Tarantino L, Bulik C, 2015: Gut Feelings: A role for the intestinal microbiota in anorexia nervosa? *Int J Eating Disorders*, 48:449-451.

9. White H, Haycraft E, Madden S, Rhodes P, Miskovic-Wheatley J, Wallis A, Kohn M, Meyer C, 2014: How do parents of adolescent patients with anorexia nervosa interact with their child at mealtimes? *Int J Eating Disorders*, 48(1):72-80.

10. Schebendach JE, Mayer LE, Devlin MJ, Attia E, Contento IR, Wolf RL, Walsh T., 2011, Food choice and diet variety in weight-restored patients with anorexia nervosa. *J Am Diet Assoc.* 111:732-736.

11. Ellison R, Rhodes P, Madden S, Miskovic J, Wallis A, Billie A, Kohn M, Touyz S, 2012: Do the components of manualised family-based treatment for anorexia nervosa predict weight gain? *Int J Eating Disorders*, 45:609-614

12      Zucker N, 2008, Off the Cuff - A Parent Skills Book for the Management of Disordered Eating. Duke University Medical Centre.

13      Kaye W, Wierenga CE, Bailer UF, Simmons AN, Bischoff-Grethe A., 2013, Nothing Tastes as Good as Skinny Feels: The Neurobiology of Anorexia Nervosa. *Trends in Neuroscience*, 36(2).

* Stime di prevalenza dell'Anoressia ottenute dal sito web Eating Disorders Victoria (eatingdisorders.org.au)

www.ingramcontent.com/pod-product-compliance
Lightning Source LLC
Chambersburg PA
CBHW070102100426
42743CB00012B/2632